금오신화 · 홍길동전

김시습 / 허균 / 작자 미상

임진록

SR&B(새로본닷컴)

김홍도의 〈단원도〉

〈베스트 논술 한국대표문학(전60권)〉을 펴내며

어린 시절의 독서는 평생의 이성과 열정을 보장해 줄 에너지의 탱크를 채우는 일입니다. 인생의 지표를 세울 수 있는 가장 믿을 만한 방법이기도 합니다.

새로 접하는 사물의 이치를 터득하려면 그 정보를 대뇌 속에 담는 프로그램이 마련되어 있어야 합니다. 그 프로그램을 구축하는 가장 효과적인 방법이 지속적인 독서입니다. 독서는 책과 나의 쌍방향적인 대화이며 만남이며 스킨십입니다.

그러나 단순한 독서만으로는 생각하는 힘과 정확히 표현하는 힘을 키울 수 없습니다. 〈베스트 논술 한국대표문학〉은 이에 유의하여 다음과 같이 편찬하였습니다.

① 초·중·고 교과서에 실린 고전 및 현대 문학 작품부터 〈삼국유사〉, 〈난중일기〉, 〈목민심서〉 등 우리의 정신을 일깨워 주고 우리에게 지혜와 용기를 준 '위대한 한국 고전'에 이르기까지 한 권 한 권을 가려 뽑았습니다.

② 각 권의 내용과 특성을 분석하여, '작가와 작품 스터디', '논술 가이드' 등을 덧붙여 생각하는 힘, 표현하는 힘을 키울 수 있도록 각 분야의 권위 학자, 논술 전문가들이 심혈을 기울였습니다.

③ 특히 현대 문학 부문은 최근 학계에서, 이 때까지의 오류를 바로잡아 정확한 텍스트를 확정한 것을 반영하였고, 고전 부문은 쉽고 아름다운 현대 국어로 재현하였습니다.

④ 각 작품에 관련된 작가의 고향을 비롯한 작품의 배경, 작품의 참고 자료 등을 일일이 답사 촬영하거나 수집·정리하여 화보로 꾸몄고, 각 작품의 갈피갈피마다 아름다운 그림을 넣어, 작품에 좀더 친근감 있게 접근할 수 있도록 하였습니다.

이 〈베스트 논술 한국대표문학〉이 여러분이 '큰 사람', '슬기로운 사람'이 되는 데 충실한 밑거름이 되기를 바랍니다.

〈베스트 논술 한국대표문학〉 편찬위원회

매월당 김시습

김시습의 부도

김시습 시비

김시습이 지은
최초의 한문 소설인 〈금오신화〉

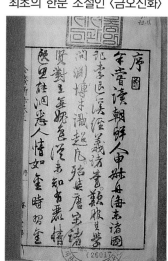

홍길동을
기리는 비

홍길동 상

홍길동 생가
복원 기념비

허균의 〈홍길동전〉   〈임진록〉

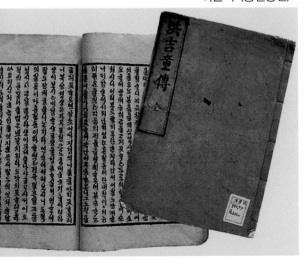

허균의 문학비

허균 시비

홍길동 전시관

허난설헌의 시비

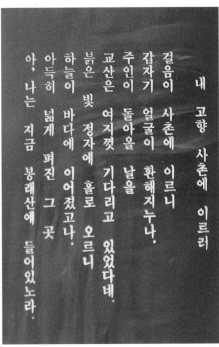

내 고향 사촌에 이르러

길음이 사촌에 이르니
잡자기 얼굴이 환해지누나.
주인이 돌아올 날을
교산은 여지껏 기다리고 있었다네.
붉은 빛 정자에 홀로 오르니
하늘이 바다에 이어졌고나.
아득히 넓게 펴진 그 곳
아, 나는 지금 봉래산에 들어있노라.

홍길동 샘물

허균 문학비

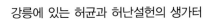

강릉에 있는 허균과 허난설헌의 생가터

차례

김시습

금오신화

금오신화

만복사*저포기 —— 만복사에서 저포를 던지다

　전라도 남원에 살고 있는 양 선비는 일찍이 어버이를 여읜 뒤 아직 장가들지 못하고 만복사 동쪽 골방에서 홀로 세월을 보내고 있었다.
　그 골방 문 앞에는 배나무 한 그루가 우뚝 서 있었는데 봄이 되니 꽃이 흐드러지게 피어 온 뜰 안에 흰빛이 가득하였다.
　그는 달 밝은 밤이면 언제나 나무 밑을 거닐곤 했는데, 어느 날 밤 문득 시 두 수를 지어 읊었다.

> 한 그루의 배꽃나무 외로움을 벗삼으니
> 휘영청 달 밝은 밤 시름도 많아
> 푸른 꿈 홀로 누운 고요한 들창으로
> 들려오는 저 퉁소 소리 어느 님이 불고 있나?

---

* **만복사**(萬福寺)　남원 기린산에 있는 절. 고려 문종 때 세웠음.

외로운 저 물총새는 짝을 잃고 날아가고
원앙도 저 혼자 맑은 물에 노니는데
어느 집 아가씨에게 이 마음 기약 두고
두둥실 하염없이 바둑이나 두려면
등불만 가물가물 이 내 신세 점치네!

시를 다 읊고 나자 별안간 공중에서 이상한 말소리가 들려왔다.
"참으로 자네가 좋은 배필을 얻고자 하는데 그 무엇 어려울 게 있겠
는가?"
이 소리를 듣고 난 양 선비는 속으로 매우 기뻐하였다.
그 이튿날은 마침 삼월 스무나흗날이었다. 해마다 이 날이 되면 그
곳 마을의 젊은 남녀들이 으레 만복사를 찾아가 향불을 피우고는 제 소
원을 비는 풍습이 있었다.
이 날 양 선비는 저녁에 기도가 끝나자 법당에 들어가서 소매 깊이 간
직하고 갔던 저포*를 꺼내어 불전에 던지기 전에 먼저 소원을 빌었다.
"자비로운 부처님, 오늘 저녁엔 제가 부처님과 함께 저포놀이를 하려
고 합니다. 만일 제가 지면 법연*을 차려서 부처님께 갚아 드릴 것이
고, 만일 부처님께서 지시면 반드시 제 소원인 예쁜 아가씨를 얻게
해 주시옵소서."
축원을 마치고는 바로 저포를 던지자, 과연 그는 소원대로 승리를 얻
게 되었다. 그는 매우 기뻐서 다시금 불전에 꿇어앉아 말씀을 드렸다.
"부처님, 꽃다운 인연은 이미 정해졌으니 부디 소홀히 하시지 마시옵
기를 간절히 바라옵니다."
그는 부처님 뒤에 깊숙이 앉아서 움직임을 엿보았다.

* **저포** 백제 시대의 놀이 기구 중 하나로, 나무로 만든 주사위 같은 것.
* **법연**(法筵) 불법을 강의하는 모임.

얼마 안 되어 한 아가씨가 들어오는데, 나이는 열대여섯 살쯤 되어 보이고, 새까만 머리에 화장을 곱게 한 얼굴이 마치 꽃구름을 타고 내려온 월궁의 선녀와 같고 보면 볼수록 너무나도 곱고 얌전하였다.

그녀는 백옥 같은 손으로 등잔에 기름을 부어 불을 켜고 향로에 향을 꽂은 뒤 세 번 절을 하고는 꿇어앉아 슬피 탄식하였다.

"아아, 인생이 박명하다고는 하나 어찌 이와 같을 줄 알았겠는가?"

그녀는 품안에 간직하였던 축원문을 꺼내어 탁자 위에 얹어 놓고는 또다시 흐느껴 울었다.

이 모습을 엿보고 있던 양 선비는 흔들리는 마음을 걷잡지 못하여 갑자기 부처님 뒤에서 튀어나오며 말했다.

"아가씨, 당신은 도대체 누구이며, 방금 부처님께 바친 글월은 무엇

이오?"

양 선비는 그녀의 대답을 기다리지도 않고 곧 부처님께 바친 글월을 집어 들었다.

고을 마을에 사는 소녀는 외람됨을 무릅쓰고 부처님께 말씀드리옵니다. 얼마 전 변방이 허물어져 도적들이 노리더니 표독한 왜구가 침입해 와, 횃불을 들고 전투를 계속했습니다. 왜구가 건물을 부수고 백성들의 재물을 빼앗아 가자, 친척과 노복이 동서남북 사방으로 정처없이 분산되었습니다.

버드나무같이 가냘픈 소녀의 몸이라 먼길 피난하기가 여의치 못하여 깊은 방에 숨어 들어 금석 같은 굳센 정절 더럽힘이 없었건만, 야

속한 우리 부모 이 여식의 수절을 과히 그르지 않다 여겼기에 궁벽한 곳에 옮겨 두어 묻혀 살기를 속절없이 삼 년이라, 달 밝은 가을 밤, 꽃피는 봄 동산, 들구름 흩날리고 흐르는 물이 처량할 제 그윽한 골짜기에 평생 박명이 한숨에 겨워 때때로 님을 그려 난새*의 외로운 춤을 슬퍼하였는데, 세월이 흘러 흘러 철이 바뀌니 서러운 간장 다 녹이고 혼백마저 흩어졌사옵니다.

　자비하신 부처님이시여! 이 소녀를 불쌍히 여기시어 각별히 돌보아 주시옵소서. 인간의 한평생은 수명이 정해져 있고, 부부의 백년가약을 어길 수 없사오니, 아무쪼록 꽃다운 배필을 정해 주시기를 간절히 바라옵니다.

양 선비는 이 글을 다 읽고는 얼굴에 기쁨을 가득 띄우고 말했다.
"아가씨, 당신은 도대체 어떤 사람이기에 이 밤에 여기까지 오셨소?"
그녀는 대답했다.
"저도 역시 사람입니다. 저를 의아한 눈으로 보지 마십시오. 당신은 다만 좋은 배필을 얻으려는 것뿐이시겠지요?"

이 때 만복사는 이미 무너져 스님들은 한쪽 구석진 골방으로 옮겨가 있었고, 법당 앞에는 행랑만이 쓸쓸히 남아 있었으며, 행랑 끝에 좁다란 방이 하나 있었다.

양 선비는 그녀에게 그 곳으로 들어가자고 눈짓을 하였다. 그녀도 별로 어렵지 않게 생각하고는 그의 뒤를 따라 들어가, 문득 서로의 즐거움을 누렸다.

밤은 점점 깊어 가고 달이 동산에 떠올라 그림자가 창을 비추는데,

---

* 난새　중국 전설에 나오는 상상의 새. 깃은 붉은빛에 오채(五采)가 섞여 있고 그 소리는 오음(五音)에 해당한다고 함.

갑자기 창 밖으로부터 발소리가 들려왔다. 그녀가 문을 열고 내다보니, 그녀의 시녀였다. 그녀는 반가워서 물었다.

"어떻게 여기를 찾아왔느냐?"

시녀가 말했다.

"예, 평소에는 문 밖에도 나가시지 않던 아가씨가 가신 곳이 없어 허둥지둥 찾아 이 곳까지 오게 되었습니다."

그녀는 말했다.

"오늘 일은 결코 우연이 아닌 것 같구나. 자비하신 부처님께서 정해 주신 덕에 고운 님을 맞이하여 백년 해로의 가약을 맺게 되었다. 미처 알리지 못한 것은 예도에 어그러지나 꽃다운 인연을 맺게 된 것은 평생의 기쁨이니, 의아하게 생각지 말고 빨리 돌아가 술자리를 갖추어 오너라."

시녀가 물러간 지 얼마 안 되어 돌아와 뜰에서 잔치를 베푸니, 밤은 벌써 사경*이 가까웠다.

양 선비가 가만히 살펴보니 탁자에 놓인 그릇은 맑고 무늬가 없으며 술잔에서는 이상한 향기가 풍기는데, 아무리 보아도 사람의 솜씨가 아니었다.

그는 속으로 이상하게 여겼으나, 그녀의 말씨와 웃음이 밝고 얼굴과 몸가짐이 매우 얌전하여 '이는 아마도 어느 귀족집 아가씨가 한때의 정서를 걷잡지 못하여 황혼의 가약을 찾아온 것이겠지.' 라고 생각하고는 마음을 가라앉혔다.

그녀는 양 선비에게 술잔을 올리면서 시녀에게 노래 한 가락을 부르게 한 뒤 말했다.

"이 아이는 옛날 곡조밖에 부를 줄 모른답니다. 당신이 저를 위하여

---

* 사경(四更) 새벽 1시부터 3시까지의 동안.

노래를 하나 지어 이 아이에게 부르게 하시면 감사하겠습니다."

이에 양 선비는 기꺼이 응낙하고는 곧 한 곡조를 지어 시녀에게 부르게 하였다.

쌀쌀한 찬 바람에 명주 적삼 흩날리고
애달프다 몇 번이나 향로의 불이 꺼졌더냐
늦은 산 눈썹처럼 저문 구름 일산처럼 펴졌을 때
비단 장 속의 원앙 이불 누가 와서 노닐꼬
금비녀 반 꽂은 채 퉁소나 불어 보세
덧없구나 저 세월은 어이 그리 흘러흘러
봄이라 깊은 시름 둘 곳이 전혀 없고
가물가물 타는 등불 낮은 병풍을 두른 속에
나 홀로 눈물지어도 그 누가 돌보던고
아 기쁘도다! 오늘 밤엔 봄바람이 소식 전해
첩첩 쌓인 천고의 한 봄눈같이 다 녹았네
곡조 한 가락을 잔을 잡고 멋지게 불러
느꺼운 옛일을 거듭 슬퍼하노라.

노래를 부르고 나자 그녀는 슬픈 빛을 띠면서 말했다.

"당신을 좀더 일찍 만나지 못한 것이 못내 한스럽지만 그래도 오늘 여기에서 이렇게 만나게 되었으니 어찌 천행이 아니겠습니까? 당신이 저를 참으로 사랑해 주신다면 비록 미약한 몸이오나 당신과 함께 백년 고락을 누려 볼까 합니다. 그러나 당신이 저를 버리신다면 저는 이 날 이후로 영원히 자취를 감추겠사옵니다."

양 선비는 이 말을 듣고 한편으론 놀랍고, 다른 한편으론 고맙게 생각되어 대답했다.

"당신의 진지한 마음에 어찌 공명하지 않겠소?"

그러고는 그녀의 태도가 예사롭지 않으므로 그는 유심히 움직임을 살폈다. 마침 서쪽 산봉우리에 달이 걸쳐 있고, 먼 마을에서 닭 우는 소리가 들려왔다. 이윽고 절에서 들려오는 새벽 종소리에 날이 새려고 하였다. 그녀가 시녀에게 말하였다.

"술자리를 거두어서 집으로 돌아가거라."

시녀가 곧 어디론가 사라지자, 그녀는 양 선비에게 말했다.

"꽃다운 인연을 이미 이루었으니 저는 당신을 모시고 집으로 돌아갈까 하옵니다."

양 선비는 기꺼이 승낙하고는 그녀의 손을 잡고 앞을 향하여 걸었다. 둘이 저자 복판을 지날 때에는 벌써 울타리 밑에서 개가 짖고 사람들이 길에 나다녔다. 그러나 이상하게도 양 선비가 그녀와 함께 거니는 것을 본 이가 한 사람도 없었다. 사람들은 다만,

"총각, 새벽에 혼자서 어딜 다녀오시오?"

하고 물을 뿐이었다.

"예, 어젯밤에 만복사에 갔다가 취하여 누웠다가 방금 동무를 찾아가는 길입니다."

하고 양 선비가 그녀의 뒤를 따라 깊은 숲을 헤치고 가는데, 이슬이 길을 흠뻑 덮어 갈 길이 아득하였다.

양 선비는 의아하게 생각되어 물었다.

"당신이 거처하는 곳이 어찌하여 이렇게 쓸쓸하오?"

"예, 노처녀의 살림살이가 으레 그렇죠."

하고는 문득 옛 시 하나를 외웠다.

이슬 함초롬한 저 길가를 초저녁에 내 가고 싶지만
그 어인 이슬이 이다지 많아 그 소원조차 아니 되는가!

양 선비도 옛 시 하나를 읊어 화답하였다.

　　느릿느릿 저 여우는 다리 위를 거닐며
　　정든 아가씨 노리려고 멋모르고 설렁이네!

두 사람은 서로 웃으며 함께 개녕 마을로 향하였다.
어느 한 곳에 이르니 다북쑥이 들을 덮고 높이 솟은 고목 속에 깨끗한 초당이 나타났다. 양 선비는 아가씨가 이끄는 대로 따라 들어갔다.
방 안에는 침구와 휘장이 잘 정리되어 있고, 밥상을 올리는데 모든 음식이 어젯밤 만복사의 차림과 차이가 없었다. 양 선비는 매우 기쁜 마음으로 이틀 동안을 유유히 보냈다.
시녀는 얼굴이 매우 아름다웠다. 좌우에 진열되어 있는 그릇들은 깨끗하고 품위가 있어 그는 간혹 의아한 마음을 금치 못하였다. 그러나 그녀의 은근한 정에 마음이 끌려 다시금 그런 생각을 되풀이하지 않았다.
어느 날 갑자기 그녀는 양 선비에게 말했다.
"당신은 잘 모르시겠지만 이 곳의 사흘은 인간의 삼 년과 같습니다. 아름다운 인연을 맺은 지가 잠깐인 듯하오나 오래 되었사오니, 너무 서운하긴 하지만 당신은 다시 인간으로 돌아가서서 옛날의 살림을 돌보심이 어떻겠습니까?"
"이별이라니 갑작스레 그게 웬 말이오?"
"오늘 못다 이룬 소원은 내세에 다시 만나 다 이룰 수 있을 것입니다. 그리고 이 곳의 예절도 인간과 다름이 없사오니 저의 친척과 이웃 동무들을 만나보고 떠나심이 어떻겠습니까?"
"그렇게 합시다."
대화가 끝나자 그녀는 시녀를 시켜 친척과 이웃 동무들을 초대하였다.

이 날 초대를 받아 온 정 소저, 오 소저, 김 소저, 유 소저 네 아가씨는 모두 귀족의 따님들이라 성품이 부드러우며 풍류가 맑고 글에 능통하였다. 아가씨들은 각각 시 네 수씩을 지어서 그를 전송하게 되었다. 처음 읊기 시작한 정 소저는 낭랑한 목소리의, 매우 활달한 여인이었다.

봄이라 꽃피는 밤 달빛마저 꽃다운데
내 시름 그지없어 달님에게 물어 보네
이 몸이 비익조*된다면
푸른 하늘에 님과 함께 날개를 펴고 날리라.

칠등도 캄캄한 채 밤은 어이 깊어깊어
북두성 가로 비켜 달빛도 쓸쓸할 때
슬프다 저승길을 뉘라서 쫓아오리
다북한 쪽찐 머리 단장도 옛일이라.

내 님을 믿을쏘냐 백년 가약 속절없네
봄바람 살랑 불어 베갯머리 스치누나
원앙새 눈물 자국 몇 군데나 젖었던고
산비도 무심하구나 배꽃 다 지겠다.

꽃다운 청춘이라 하염없이 지내려니
쓸쓸한 이 내 마음 밤이 되면 잠 못 이뤄
다리에 지나는 객을 님인 줄 모르다니
언제나 좋은 기약 고운 님을 만나볼까?

* 비익조(比翼鳥) 암수의 눈과 날개가 하나씩이어서 짝을 짓지 않으면 날지 못한다는 전설 상의 새.

오 소저는 부드러운 쪽찐 머리에 애교를 띤 얼굴로, 마음을 걷잡지 못하여 곧 뒤를 이어 읊었다.

만복사에 향 올리고 돌아오던 밤이더냐
가만히 던진 저포 소원이란 무엇이오?
꽃피는 봄 가을 달에 그지없는 이 한은
님 주신 한 잔 술에 지그시 다 녹아라.

복숭아 붉은 볼에 새벽 이슬 젖건마는
그윽한 골짜기라 나비조차 아니 오네
기뻐라 님의 동산 꽃다운 잔치라네
새 곡조 부르려니 이 술 한 잔 받으시오.

해마다 오는 제비 오늘도 날건마는
어떻다 님의 소식 애끊는 줄 몰라라
부러울손 저 부용은 꼭지나마 나란히
연못에 밤이 들 제 함께 목욕하는구나.

푸른 산 섬돌 위에 높이 솟은 다락 하나
가지에 열린 꽃은 해마다 붉건마는
어이타 인생 백 년 저 꽃과 같지 않아
한 많은 이 청춘은 눈물만 고이는가?

김 소저는 얼굴빛을 바르게 하고 위엄 있는 모습으로 붓을 잡더니 앞에 읊은 두 시의 음탕함을 책망한다.

"오늘 모임에는 다만 이 자리의 흥을 읊을 따름이온데 어찌 각자의

마음을 걷잡지 못하여 저 귀하신 손님으로 하여금 이 소식을 인간에게 전하려 합니까?"
말을 마치고는 곧 낭랑한 목소리로 읊었다.

　　밤 깊어 오경*이라 접동새 슬피 울고
　　북두성 비껴비껴 은하수 아득할 때
　　애끊는 옥퉁소 다시는 불지 마오
　　한가한 이 풍경 속인이 알까 두렵네.

　　흐뭇하도록 부으리다 금잔에 익은 술을
　　취하도록 받으시오 술이 많다 사양 마오
　　내일 아침 저 동풍이 사납게 불어 오면
　　한 토막 푸른 꿈을 내 어이하려는지.

　　초록빛 얇은 소매 부드럽게 드리우고
　　풍류 겨워 잔 잡으니 한 잔 부어 또 한 잔을
　　맑은 흥취 다할쏘냐 님 여의지 마옵소서
　　다시금 새로운 말로 새 곡조를 지으리라.
　　구름 같은 파란 머리 흙 된 지 몇 해던가
　　그립던 님을 만나 오늘 한 번 웃는구나
　　신기하다 자랑 마오 서로의 좋은 꿈을
　　풍류스런 그 이야기 속인이 알까 두렵구나.

유 소저는 얼굴이 비록 화려하지는 않으나 깨끗한 소복을 입었으며,

---

* 오경(五更) 오전 3시부터 5시까지.

조용히 침묵을 지키다가 자기 차례가 되자 한 번 살짝 웃고는 시를 읊기 시작하였다.

금석같이 굳센 정조 지켜 온 지 몇 해던가
옥 같은 고운 얼굴 구천에 깊이 묻혀
그윽한 봄밤이면 월궁 선녀 벗을 삼아
계수나무 꽃그늘에 홀로 졸고 있구나.

우습구나 복사꽃은 봄바람도 좋다마는
어이하여 남의 동산 임자 없이 날고 있나
한평생 이 내 절개 가실 줄이 있으랴
백옥 같은 나의 마음 더러워질까 두렵구나.

연지도 싫으련만 머리는 다북쑥이고
향내 감춘 경대 속엔 이끼조차 피려 하네
어즈버 오늘 아침 남의 집 잔치에 가
머리 위의 붉은 꽃을 보기만 해도 부끄러워라.

기뻐라 아가씨여 그립던 님을 맞아
백년 해로 꽃다울사 하늘의 이 인연을
월하 노인*의 붉은 실에 금슬 더욱 자별하여
비노니 두 분이여 꽃다운 부부 되옵소서.

그녀는 유 소저가 읊은 시의 마지막 장을 듣고 문득 감사의 뜻을 표

＊ 월하 노인(月下老人) 남녀의 인연을 맺어 준다는 전설상의 노인.

하며 앞으로 나오면서,

"저도 비록 보잘것 없는 몸이오나 자획은 분별할 정도니 어찌 홀로
아무런 소감이 없겠습니까?"

하고는 곧 시 한 편을 지었다.

　　개녕마을 깊은 골에 꽃잎은 피고 지고
　　봄 시름 움켜 안고 한숨만 못내 겨워
　　아득한 무산 구름 속에 고운 님 여의고는
　　상강 대밭 속에 눈물을 뿌리더니
　　갠 강 따뜻한 날 원앙은 쌍을 찾고
　　푸른 하늘 구름 걷혀 물총새 노니누나
　　님이여! 맺으오 굳고 굳은 동심결을
　　비노니 비단 부채는 맑은 가을 원망 마오.

　양 선비는 원래 문장에 능통한 재사였지만, 그들의 시가 맑은 것을
보고 칭찬을 아끼지 않더니, 곧 이어서 시 한 편을 지어 화답하였다.

　　이 밤이 어떠한 밤인가 고운 님을 기뻐 맞았네
　　꽃처럼 아리따운 얼굴 앵두처럼 새빨간 입술
　　여기에 문장은 더욱 묘하니 천고에 짝이 드무리라
　　직녀 아씨 북을 던지고 인간에 내렸는가
　　월궁 선녀 공이를 버리고 이 곳을 찾았는가
　　말쑥하게 꾸민 단장 술잔을 드날린다
　　서로의 즐거움은 익숙하지 못하지만
　　술 마시고 시 읊으니 유쾌함이 한없구나
　　기뻐라 내 짐짓 봉래섬을 찾아들어

신선이 여기 있느냐 풍류도를 만났구나

이름난 술잔에 술이 가득 찼고 금향로에 연기 피어

백옥상 솟은 앞에 매운 향내 나부끼고

푸른 비단 숙설간에 실바람이 살랑살랑

아아! 님을 모셔 이 잔치를 열게 되니

하늘엔 오색 구름 더욱 눈부셔라

아아! 님이시여 옛일을 생각하라

문소는 채란을 사랑했고

장석은 난향을 만났다오

인생의 어우름도 반드시 인연이라

마땅히 잔을 들고 해로하기로 맹세하리라

님이시여! 가벼이 말씀 마오 가을철에 부채라니 웬 말이오?

저승에서 거듭 만나 백년 가약 맺어 두고

아침 꽃 저녁 달에 끊임없이 노니려오.

술을 다 마시고 나서 서로 헤어질 때가 되었다. 그녀가 은잔 하나를 꺼내어 양 선비에게 주면서 말했다.

"내일 제 부모께서 저를 위하여 보련사*에서 음식을 베푸실 것입니다. 당신이 저를 참으로 버리지 않으신다면 길에서 기다렸다가 함께 부모님을 뵙는 것이 어떻겠습니까?"

양 선비가 대답했다.

"그렇게 하겠소."

하고는 양 선비는 이튿날 그녀의 말대로 은잔을 가지고 보련사로 가는 길가에서 기다렸다. 과연 어떤 양반 한 분이 딸의 대상*을 치르려고 수

---

* **보련사**(寶連寺) 남원 서쪽 40리 보련산에 있었다 함.
* **대상**(大祥) 죽은 지 두 해만에 지내는 제사.

레를 타고 보련사를 향하여 가는 것이었다.

　그 양반을 따르는 마부는 뜻밖에 한 선비가 은잔을 갖고 서 있는 것을 보고는 주인에게 여쭈었다.

　"우리 아가씨 장례 때 같이 묻었던 은잔을 벌써 어떤 사람이 훔쳐서 세상에 나타나게 되었사옵니다."

　주인이 물었다.

　"그게 무슨 말이냐?"

　마부가 대답했다.

　"예, 저 선비가 가진 것을 보십시오."

　양반은 타고 가던 말을 바로 멈추고 양 선비에게로 가까이 다가가 은잔을 갖게 된 경위를 물었다.

　양 선비는 그 전날 여인과 약속한 일을 빠짐없이 그대로 이야기하였다. 그 양반은 놀랍고 의아하여 한참을 멍하니 있다가 이윽고 입을 열었다.

　"내 팔자가 불행하여 슬하에 오직 딸 하나밖에 없었는데, 왜구의 난에 그마저 빼앗기고는 미처 정식으로 장례를 치르지 못하고, 개녕사 곁에 묻어 두고는 머뭇거리다가 지금에까지 이르렀네. 그러다 보니 오늘이 벌써 대상인지라 부모된 도리로 보련사에서 재나 베풀까 해서 가는 길이네. 자네가 정말 그 약속대로 하려면 조금도 의아하게 생각지 말고 딸을 기다려서 함께 오게."

　말을 마치고 양반은 먼저 보련사로 향하였다. 양 선비는 혼자 서서 그녀를 기다렸다. 과연 약속했던 시간이 되자 그녀는 시녀를 데리고 이르렀다. 두 사람은 서로 만나 반갑게 손을 잡고 절로 향하였다.

　그녀는 먼저 절 문을 지나 법당에 올라 부처님께 예를 드리고는 곧 흰 휘장 안으로 들어갔다. 그러나 그녀의 친척들과 스님들 중 그녀를 본 사람은 하나도 없었고, 다만 양 선비만 그 뒤를 따를 뿐이었다.

　그녀가 양 선비에게 말했다.

"저녁밥이나 자셔 보렵니까?"

양 선비가 대답했다.

"그러죠."

양 선비는 그 부모님께 이 이야기를 전달하였다. 그들은 양 선비의 말이 믿기지 않았으므로 시험해 볼까 하고 휘장 속을 엿보았다. 그러나 딸의 얼굴은 보이지 않고 다만 수저 소리만 쟁쟁하게 들릴 뿐이었다.

그들은 경탄하여 휘장 속에 침구를 마련하고 양 선비에게 딸과 동침할 것을 권하였다. 밤중이 되자 과연 말소리가 맑고 고요하게 흘러나왔다. 그러나 가만히 엿들으려고 귀를 기울이면 소리가 갑자기 끊어지곤 하였다. 그녀가 말했다.

"이제 당신께 차근차근 말씀드려야겠습니다. 제 행동이 예법에 어긋나는 것은 저 스스로도 잘 알고 있습니다. 저도 어렸을 적에 글을 읽었으므로 대략 예의는 아옵니다. 〈시경〉의 뜻을 모르는 것은 아니지만, 너무 오랫동안 들판 다북쑥 속에 묻혀 있어서 박명을 자탄하였더니, 뜻밖에도 삼세*의 인연을 만나매 당신의 동정을 알고 백 년의 높은 절개를 바쳐 술을 빚고 옷을 기워 평생 지어미의 길을 닦으려 하였으나, 애달프게도 숙명적인 이별을 저버릴 수 없사옵기에 한시바삐 저승길을 떠나야겠습니다. 비구름은 양대에서 개고 오작은 은하에 흩어지매 이제 한번 하직하면 훗날을 기약할 수 없사오니, 헤어짐에 임하여 아득한 마음 무어라 말씀드리겠사옵니까?"

그녀는 소리를 내어 울었다. 이윽고 사람들이 그녀의 영혼을 전송하였다. 혼은 문 밖으로 나갔는지 슬픈 소리만이 은은히 들려왔다.

  저승길이 바쁘도다 이별이란 웬일이오

---

* 삼세(三世) 불교에서, 과거, 현재, 미래를 이르는 말.

비나이다 님이시여 저버리진 마옵소서
애달퍼라 어머니여 슬프도다 아버지여
나의 신세 어이할꼬 고운 님을 여의도다
아득한 구천 밑에 원한만이 맺히리다.

얼마 있지 않아 남은 소리는 가늘어져서 끝에는 분별할 수 없게 되었다. 그녀의 부모는 그제야 이것이 사실임을 알았고, 양 선비도 그녀가 확실히 이 세상의 사람이 아님을 알자, 더욱더 슬픔을 이기지 못하고 그녀의 부모와 함께 머리를 맞대고 통곡할 뿐이었다. 그녀의 부모는 양 선비에게 말했다.

"그 은잔은 자네에게 맡길 것이고, 또한 내 딸이 소유하고 있던 밭 두어 이랑과 노비 몇이 있으니, 자네는 이 일을 믿고 내 딸을 잊지 말아 주게나."

이튿날 양 선비는 술과 고기를 갖추어 개녕마을 옛 자취를 찾으니, 과연 새 무덤이 하나 있었다. 양 선비는 제사를 차려 슬피 울면서 정식으로 장례를 치른 뒤, 조문을 지어 읽었다.

아아! 님이시여! 당신은 어려서부터 성품이 온순하였고, 자라서는 얼굴이 예쁘고, 문장이 뛰어났으며, 방문 밖에 나가지 않고 가정 모훈을 항상 받았었소. 난리를 겪었어도 정조를 지켰는데 왜구를 만나 생명을 잃었소. 거친 다북쑥에 몸을 의탁하여 밝은 달 피는 꽃에 마음이 슬펐소. 봄바람에 접동새는 슬피 울고, 가을철 비단 부채 무정도 하였소.

어젯밤엔 님을 만나 기쁨을 얻어, 비록 유명을 달리했을지라도 실상 서로의 즐거움을 같이하였소. 장차 백년 해로하려 하였는데 이 웬 이별이란 말이오? 사랑하는 님이시여! 당신은 달나라에서 난새를 타고 무산의 비가 되오리다. 땅이 가물가물하여 돌아온다는 희망은 없고, 하늘은 아득하여 바라기도 어렵구려. 집에 들어오면 어이없어 말 못하고 밖에 나오면 갈 데가 없구려.

휘장을 헤칠 때마다 눈물겹고, 술을 부을 땐 더욱 마음이 아프다오. 얼굴이 보이는 듯하고, 목소리가 들리는 듯하오. 아아! 슬프도다. 총명한 님이시여! 몸이야 헤어졌을망정 혼령은 계실지니, 마땅히 이곳에 나타나서 슬픔을 거두어 주시오! 비록 사생이 다를지라도 님은 이 글월에 감동하리라 믿소.

그 뒤 양 선비는 결국 슬픔을 견디지 못하고, 가산과 농토를 모두 팔아 저녁마다 재를 드렸는데, 하루는 그녀가 공중에서 그를 불러 말했다.

"당신의 은덕으로 저는 이미 다른 나라의 남자의 몸으로 태어나게 되었습니다. 유명의 한계는 더욱더 멀어졌사오나, 당신의 두터운 은덕에 깊이 감사를 드리옵니다. 당신은 다시 길을 깨끗이 닦아 저와 같이 속세의 누를 벗어나시옵소서."

양 선비는 그 뒤로 다시 장가를 들지 않고 지리산에 들어가 약초를 캐고 살았다 하니, 그 뒤로는 어찌 되었는지 아는 이가 없었다.

이생규장전 —— 이 선비가 담을 엿보다

개성 낙타 다리* 밑에 이 선비라는, 열여덟 살 된 사람이 살고 있었다. 그는 얼굴이 준수하고 재주가 예사롭지 않으며 학문에 뜻이 있어, 일찍이 성균관*에 다닐 때 길을 가면 부지런히 글을 외우곤 하였다.

마침 선죽 마을*에 최 소저라는 양반집 처녀가 살고 있었는데 나이는 열여섯 살이 되었고, 태도가 아름답고 수놓는데 익숙하며 시문에 능통하였다.

동네 사람들은 시를 지어 두 사람을 기렸다.

풍류로울손 이 선비 아름다워라 최 소저
그 재주와 그 얼굴 그 누가 찬탄치 아니하리.

이 선비가 책을 옆에 끼고 학교에 갈 때에는 반드시 최 소저의 집 북쪽 담 밖으로 지나가게 되었다. 하늘하늘한 수양버들이 그 담을 둘러싸고 있었다.

어느 날 이 선비가 그 나무 그늘 밑에서 쉬다가 우연히 담 안을 엿보았는데, 이름 있는 꽃들이 한 봄을 맞아 흐드러지게 피었고, 벌과 새들이 고운 노래를 부르는 꽃나무 사이로 자그마한 다락이 하나 어렴풋이 보였다.

---

* 낙타 다리 보정문 안에 있었다고 함. 고려 태조 때 거란이 낙타 50마리를 바치자 태조는 받지 않고 다리 밑에 매어 두었는데, 낙타가 모두 굶어 죽어 낙타 다리라 이름 붙었다 함.
* 개성 성균관(開城 成均館) 고려 때 유교 교육을 맡아 보던 관청. 최고의 교육 기관.
* 선죽(善竹) 마을 선죽교 부근의 마을.

구슬 발은 반 정도 가렸고 비단 장은 낮게 드리웠는데, 어여쁜 아가씨가 수를 놓다가 포근함을 이기지 못하여 바늘을 잠깐 멈추고는, 턱을 괴고 앉아 시 두 수를 읊었다.

비단 창에 홀로 비겨 수놓기도 귀찮구나
활짝 핀 꽃다발 속에 꾀꼬리 소리 다정도 하네
무단히 이 마음이 봄바람을 원망하고자
말없이 바늘 멈추고 생각에 잠겼도다.

저기 가는 저 선비는 어느 집 도련님인고
초록빛 긴 소매로 수양가지 스쳐가네
이 몸이 대청 안의 제비 된다면
낮은 주렴 차고 나서 긴 담 위에 오르련다.

이 선비는 그녀가 읊은 시를 듣고 나니 마음이 설레어 견딜 수가 없었다. 그러나 그 집의 담은 높고 안채가 깊은 곳에 있어 어찌할 도리가 없었다.

어느 날 이 선비는 학교에서 돌아오는 길에 꾀를 내어, 흰 종이 한 폭에다 시 세 수를 적어서 기와 조각에 매달아 담 안으로 던졌다.

무산 열두 봉우리에 첩첩이 싸인 안개러냐
반쯤 드러난 봉우리는 붉고도 푸르구나
고운 님 외로운 꿈을 수고롭게 하지 마오
행여나 구름비 되어 양대에서 만나 보세.

사랑하는 님이시여 나의 마음 아오리다

붉은 담 위의 복숭아야 날고 난들 어디 가리.

좋은 인연인가, 나쁜 인연인가?
하염없는 이 내 시름 황혼 가약 분명하다
님을 만나 노니리라.

최 소저 깜짝 놀라 시녀 향아를 시켜서 그것을 가져다 보니, 이 선비가 보낸 시였다. 최 소저는 그 시를 음미한 뒤 기뻐하며 종이 쪽지에 시두어 글귀를 써서 담 밖으로 던져 주었다.

님이시여 의심 마오
황혼 가약 정하오.

이 선비는 그 시 중의 언약과 같이 날이 어두워지자 최 소저의 집을 찾아갔다.
복사꽃 가지 하나가 갑자기 담 위로 휘어서 내려오며 어릿어릿 그림자가 나타났다.
이 선비가 가만히 살펴보니 그넷줄에다 대바구니를 매어서 늘어뜨렸는지라 이 선비는 곧 그 줄을 잡고 담을 넘어 들어갔다.
때마침 동산에는 달이 떠오르고 꽃나무 가지의 그림자가 땅에 드리워졌다.
최 소저는 꽃떨기 속에 깊숙이 파묻혀 앉아 향아와 함께 꽃을 꺾어다 머리 위에 꽂고 이 선비를 보고는 방긋이 미소지으며 시 몇 구를 읊었다.

복숭아 가지 속은 꽃이 피어 눈부시고
원앙새 베개 위는 달빛이 곱구나.

이 선비가 뒤를 이어 읊었다.

　　이 다음에 어쩌다가 봄 소식이 샌다면
　　무정한 비바람에 더욱 가련하리라.

최 소저는 곧 얼굴빛을 바꾸며 말했다.

"저는 당신과 함께 끝까지 부부가 되어 영원한 행복을 누리려 하였는데 당신은 어찌하여 갑자기 그런 말씀을 하십니까? 저는 비록 여자의 몸이지만 이 일에 대하여 마음이 태연한데 하물며 대장부의 의기로 그런 염려까지 하옵니까? 만일 규중의 비밀이 누설되어 부모님께 꾸지람을 듣는다 하더라도 저 혼자 책임을 지겠사옵니다."

그녀는 향아에게 방으로 가서 술과 과일을 가져오라고 했다. 향아는 명에 따라 가 버렸다.

온 집안이 고요하고 인기척이 없자 이 선비는 최 소저에게 물었다.

"이 곳은 어디옵니까?"

"예, 뒷동산의 작은 다락 밑이옵니다. 저희 부모님께선 외동딸인 저를 유난히 귀여워해 주셔서, 따로 연못 가운데 이 집을 지어 주시고, 봄이 되어 온갖 꽃들이 흐드러지면 향아와 함께 즐겁게 놀도록 하신 것이옵니다. 부모님이 계신 곳은 여기서 가깝지 않아 비록 웃음소리가 크더라도 잘 들리지 않을 것이옵니다."

하고 이 선비에게 술 한 잔을 권하며 시 한 편을 읊었다.

　　부용못 깊은 곳에 솟은 난간 굽어보고
　　꽃다발 그 사이에서는 누구누구가 속삭이나
　　향기로운 안개 끼고 봄빛이 화창할 때
　　새 곡조 지어 내어 사랑 노래를 부르누나

꽃 그늘에 달빛 비쳐 털방석에 스며들고
긴 가지 잡고 보니 붉은 빗발 내리도다
바람은 향내 끌고 향내는 옷기슭에
첫봄을 맞이할손 아가씨 춤만 춘다
가벼운 소매로써 해당화나 스쳐 볼까
꽃 밑에 졸고 있던 앵무새만 깨웠구나.

이 선비는 곧 서슴지 않고 화답하였다.

신선을 잘못 찾아 무릉도원에 왔구나
구름 같은 쪽찐 머리 금비녀채 나직할손
엷디엷은 초록 적삼 봄철이라 새로 지어
비바람 불지 마오 나란히 핀 이 꽃들에
선녀가 내리신다 소맷자락 살랑살랑
기쁨을 다할쏘냐 시름 거듭 엿보리라
함부로 새 곡조로 앵무새를 가르치랴?

그녀가 이 선비에게 말했다.

"오늘의 일은 분명히 작은 인연이 아니오니, 당신은 저와 함께 백 년의 기쁨을 이룩하는 것이 어떻겠습니까?"

그녀는 곧 북쪽에 있는 들창 속으로 들어갔다. 이 선비가 그녀의 뒤를 따라 사다리를 타고 오르니, 작은 다락이 하나 나왔다. 거기에는 문구와 책상들이 잘 정돈되어 있고, 한쪽 벽에는 '산봉우리 그림' '대숲 그림' 두 폭을 붙였는데 모두 아름다운 그림이고, 그 위에는 각각 시 한 편씩이 적혀 있으나 어떤 사람이 지은 것인지는 알 수 없었다.

그 첫째 그림에 씌어진 시에는,

저 강 위의 첩첩 산을 어느 님이 그렸는가
구름 속 방호산*은 반 봉우리 보일 듯 말 듯
아득한 몇백 리에 형세도 장하구나
소곳소곳 쪽찐 머리 다락 앞에 벌여 있네
끝없는 푸른 물결 저 하늘에 닿았구나
저문 날 바라보니 고향 산천 어디인가
이 그림 구경할 제 님의 느낌 어떻더냐
상강 비바람에 배 띄운 듯하여라.

그 둘째 그림에 씌어진 시에는,

대나무 앞에서는 가을 소리 들리는 듯
꿈틀꿈틀 고목도 옛뜻을 품은 듯
뿌리 깊어 이끼 끼고 가지마다 활짝 뻗어
무궁한 조화 자취 가슴 속에 간직했네
미묘한 이 경지를 누가 와서 말할쏘냐
갠 창 그윽한 곳 말없이 서로 보니
신기할손 님의 필법 못내 사랑하노라.

한쪽 벽에는 사철의 경치를 읊은 시 네 수를 붙였는데 어떤 사람의
글인지는 알 수가 없었는데, 글씨가 매우 곱고 단정하였다.
그 첫째 폭에 씌어진 시에는,

부용장 속 숨은 향내 실바람에 나부끼고

---

* 방호산(方壺山) 바닷속에 있는 신선스러운 산.

창 밖의 붉은 살구꽃 비 내리듯하구나
오경이라 종소리에 남은 꿈을 깨고 보니
백목련꽃 깊은 곳에 때까치만 우지진다.

기나긴 날 깊은 규중 제비 쌍쌍이 모여들 때
귀찮아서 말도 없이 금바늘을 멈추도다
다정한 저 나비는 님의 동산에 짝을 지어
낙화를 사랑하더냐 날고 날아 앉는구나.

얇은 추위 살랑살랑 초록 치마 스쳐 올 때
무정한 봄 소식은 남의 애를 끊나니
말없는 이 내 뜻을 뉘라서 알리
온갖 꽃 흐드러질 때 원앙새만 춤추는구나.

봄빛은 깊고 깊어 온 누리에 가득 차고
붉으락푸르락 비단창 앞에 비치누나
방초가 우거진 곳에 외로운 시름 위로하려
수정발 높이 걸어 지는 꽃을 헤어 보렴.

그 둘째 폭에 씌어진 시에는,

참밀대엔 밀알이 처음 배고 어린 제비 펄펄 날 때
남쪽 뜰의 석류꽃은 나란히도 피었구나
푸른 들창 홀로 비껴 길쌈하는 저 아가씨
붉은 비단 베어 내어 새 옷을 지으련다.

매실은 한껏 익고 가는 비는 보슬보슬
꾀꼬리 울고 나서 제비마저 드날릴 때
이 봄은 간데 없어 풍경조차 시드누나
나리꽃 떨어지고 새 죽순이 뾰족뾰족.

살구가지 휘어잡아 꾀꼬리나 갈겨 볼까
남헌 속에 바람 일고 쬐는 햇살 더디구나
연잎에 향내 뜨고 푸른 못물 가득한데
저 물결 깊은 곳에 더펄새가 목욕하네.

등나무 평상 대방석에 물결처럼 이는 바람
소상강 그린 병풍 한 봉우리 구름뿐인가
낮꿈을 깨련마는 고달픈 채 그냥 누워
반창에 비낀 햇살 너울너울하는구나.

그 셋째 폭에 씌어진 시에는,

쌀쌀한 가을 바람 차디찬 이슬 맺고
달빛도 곱다만 물결은 파랗구나
기러기 돌아 옐 때 한 소리 또 한 소리
다시금 들으련다 금정 오동잎 지는 소리.

상 밑에서 우는 벌레 소리 쓸쓸하도다
상 위의 아가씨는 눈물겨워하는구나
머나먼 싸움터에 몸을 던진 님이시여
오늘 저녁 옥문관 달빛 희디희리.

새 옷을 마르려니 가위조차 서늘하이
나직이 아이 불러 다리미를 갖고 오렴
불 꺼진 다리미라 쓸 곳이 전혀 없어
가만히 피릿대로 꺼진 재를 헤쳐 보네.

연꽃은 다 피었나 파초잎도 누르구나
원앙 그린 기와 위엔 새 서리가 흐뭇 젖어
새 원한 묵은 시름 애달픈들 어이하리
골방은 깊고 깊어 귀뚜라미 왜 우는가.

그 넷째 폭에 씌어진 시에는,

한 가지 매화일망정 온 창 앞을 가렸네
서랑에 바람이 급하고 달빛 더욱 아름답다
화롯불 헤쳐 봐라 꺼지지 않았더냐
아이야. 여기 오너라 차 좀 달여 보려느냐.

밤 서리에 놀란 잎은 자주자주 펄럭이고
돌개바람 눈을 불어 골방으로 들어올 때
속절없는 꿈이더냐 그립던 님 생각이
빙하가 어디인가 머나먼 옛 전쟁터.

창 앞의 붉은 해는 봄빛인 양 따뜻하고
근심에 잠긴 눈썹 졸음마저 덧붙이네
병에 꽂힌 작은 매화 필락말락하건마는

수줍은 채 말도 없이 원앙새만 수놓다니.

쌀쌀한 서릿바람 북쪽 숲을 스치려니
쓸쓸한 찬 까마귀 달을 맞아 우지진다
가물가물 등불 앞에 실 꿰기도 어려워라
님 생각에 솟은 눈물 바늘귀에 떨어지네.

한쪽에는 또 별당이 한 채 있는데 깨끗하고, 사향을 태우는 냄새가 풍기고, 촛불은 대낮처럼 환하게 밝혀 있었다. 이 선비는 그녀와 더불어 즐기며 며칠 동안 머물렀다.

어느 날 이 선비는 최 소저에게 말했다.

"옛 성인의 말씀에 '어버이 계시오면 나가 놀더라도 반드시 일정한 방향이 있을 것이라.'고 하였는데, 이제 내 어버이를 떠나온 지 벌써 사흘이 지났으니, 어버이께서 응당 문에 비겨 기다리실 것이오니 어찌 아들의 도리라 하겠소?"

그녀는 곧 이 선비 돌아가는 것을 응낙하였다.

이런 일이 있고부터 이 선비는 저녁마다 그녀를 만났다. 어느 날 저녁, 이 선비의 아버지가 그에게 꾸지람을 내렸다.

"네가 아침 일찍 집을 나가 날이 저물어야 돌아옴은 옛 성인의 참된 말씀을 배우려 함이었는데, 이제는 황혼에 나가서 새벽에야 돌아오니 이게 어찌 된 일이냐? 분명 못된 아이들의 행실을 배워 남의 집 담장을 넘어다니는 것이지? 이런 일이 남의 눈에 띄면 남들은 모두 내가 자식을 엄하게 가르치지 못했다고 책망할 것이요, 또 그 소저도 만일 양반집 규수라면 너 때문에 문호를 더럽힐 것이니, 남의 집에 죄를 지음이 적지 않을 것이다. 어서 빨리 영남 농촌으로 내려가 일

꾼을 데리고 농사일을 감독하거라. 그리고 내 명령이 있기 전에는 함부로 올라오지 말아라."

아버지는 그 다음 날 바로 아들을 울주로 내려 보냈다.

최 소저는 매일 저녁마다 화원에서 이 선비를 기다렸으나, 몇 달이 지나도록 그림자도 보이지 않았다. 혹시 그가 병이 나지 않았나 하고 향아를 시켜서 가만히 이 선비의 이웃 사람에게 물어 보니 이웃 사람이 대답했다.

"이 도령은 그 아버지께 꾸지람을 듣고 영남 농촌으로 내려간 지 벌써 여러 달이 되었다오."

이 소식을 들은 최 소저는 어이가 없어 침상 위에 쓰러져서는 일어나지 못하였다. 그리고는 음식도 안 먹고 말조차 하지 않아 얼굴이 점점 파리해졌다.

그녀의 부모는 놀라서 병의 증세를 물었으나 그녀는 아무런 말도 하지 않았다.

그러다가 하루는 우연히 옆에 있는 대바구니를 들추다 딸이 이 선비와 함께 주고받은 시를 보고는 그제야 무릎을 치면서 말했다.

"아아, 잘못하였으면 귀한 딸을 잃을 뻔했구나."

그녀의 부모는 곧 딸에게 물었다.

"도대체 이 선비란 사람이 누구냐? 다 털어놓고 이야기 해 보거라."

일이 여기에 이르자 최 소저는 더 이상 숨기지 못하고 부모님께 솔직히 고백하였다.

"은덕이 깊으신 아버님 어머님께 어찌 숨기겠습니까? 다름이 아니오라 남녀간의 사랑은 인간으로서는 소홀히 여기지 못할 일입니다. 그러므로 옛글에도 이에 대한 찬미나 우려의 말씀이 한 가지가 아니었습니다. 제가 연약한 몸으로 나중 일을 생각지 않고 이런 잘못을 범하여 남들의 웃음을 사게 되었습니다. 그러므로 죄가 크고 부끄러움이 어버이께 미칠 것이오나, 이 선비와 헤어진 후로 한이 쌓여 쓰러진 연약한 몸이 맥없이 홀로 있으니, 생각은 날이 갈수록 더욱 나고 병은 차츰 무거워져서 쓰러질 지경에 이르렀습니다. 하오니 부모님께서 제 소원을 이루어 주신다면 남은 목숨을 보전할 것이옵고, 그렇지 않으면 비록 죽어서라도 이 선비를 따르기로 맹세하고 다른 문정에는 오르지 않겠사옵니다."

그녀의 부모는 이미 그 뜻을 짐작하고 다시는 병의 증세도 묻지 않고 마음을 달래어 안정시키고는, 중매의 예를 갖추어 이 선비의 집에 보내었다.

이씨는 먼저 최씨의 문벌을 물은 뒤에 말했다.

"비록 우리 아이가 나이가 어리고 바람이 났다 하여도 학문에 정통하고 얼굴이 유다르니 장차 대과에 급제해서 세상에 이름을 알릴 것이니 함부로 혼사를 정하지 않겠소."

중매인은 곧 돌아와 이 말을 최씨에게 전하였다. 최씨는 다시 중매인을 이씨에게 보내었다.

"들리는 말에 의하면 귀댁의 도령은 재주가 뛰어나다 하니, 비록 지금 몹시 곤궁할지라도 장래엔 반드시 현달할지니, 빨리 만복의 날을 정하는 것이 어떻겠습니까?"

"나도 어려서부터 학문을 연구하였는데, 나이가 들어도 업을 이루지 못하여 노비들은 흩어지고 친척들도 돌봐 주지 않아 생활이 어려운데, 귀댁에서 무엇을 보고서 가난한 선비를 취하겠소. 아마도 일을 벌이기를 좋아하는 이가 나의 문벌을 과장되게 소개하여 귀댁을 속이려는 것이 아니겠소?"

중매인이 할 수 없이 다시 돌아와 최씨에게 알리자, 최씨는 또 그를 이씨에게 보내었다.

"모든 예물과 의장은 모두 저희 집에서 맡을 것이오니, 다만 좋은 날을 택하여 화촉의 예를 치르는 것이 어떻겠사옵니까?"

이씨는 최씨의 간절한 요청에 마음을 돌려 곧 사람을 울주에 보내어 아들을 데려오게 하였다.

이 소식을 들은 이 선비는 기쁜 마음을 억누르지 못하여 시 한 수를 지어 읊었다.

깨진 거울 합쳐지니 이 또한 인연이라
은하의 오작인들 이 가약을 모를쏘냐
이제야 월하 노인의 끈 굳게굳게 잡아매어
봄바람 살랑 불 때 접동새를 원망 마오.

오랫동안 이 선비를 그리워하던 최 소저는 그가 이 시를 지었다는 소리를 듣고는 병이 차츰 나아 시 한 수를 지어 읊었다.

나쁜 인연이 좋은 인연인가 옛날 맹세 이루련다
어느 때 님과 함께 저 작은 수레를 끌꼬?
아이야, 날 일으켜라 꽃비녀를 매만지리.

그 후 얼마 되지 않아 길일을 잡고 혼례를 치렀다. 이로부터 이 선비 부부는 서로 사랑과 공경을 지켰다. 그 다음 해에 이 선비는 대과를 거쳐 높은 벼슬에 올라 이름을 세상에 날렸다.

이윽고 신축년*에 홍건적이 서울을 노략하자 상감께서 복주*로 옮겨 가셨다. 놈들이 건물을 부수고 사람을 죽이니 그들의 가족과 친척들이 동서로 흩어졌다.

---

* **신축년(辛丑年)** 고려 공민왕 10년(1361).
* **복주(福州)** 지금의 경상 북도 안동.

이 때 이 선비는 가족과 함께 산골에 숨어 있었는데, 도적 하나가 칼을 들고 뒤를 쫓아오는지라 그는 겨우 도망하여 목숨을 구했으나, 최 소저는 도적에게 잡혀 정조를 빼앗길 처지에 이르자 크게 노하여 소리질렀다.

"이 못된 놈아! 나를 먹으려고 하느냐? 내가 차라리 죽어서 승냥이의 밥이 될지언정 어찌 돼지 같은 놈에게 이 몸을 주겠느냐?"

놈은 끝내는 그녀를 무참하게 죽여 버렸다.

이 선비는 온 들판을 헤매고 다니다가 도적들이 이미 없어졌다는 소식을 듣고 고향을 찾아갔다. 자기의 집은 이미 잿더미가 되어 있었다. 최 소저의 집에 이르니 쓸쓸하고 그 주위에 쥐들이 우글거리고 새들의 울음소리만 들릴 뿐이었다.

이 선비는 슬픈 마음을 견디지 못하여 작은 다락 위에 올라가 눈물을 삼키며 한숨을 깊이 쉬고는 날이 저물 때까지 우두커니 앉아 옛일을 돌이켜보니 모든 게 꿈만 같았다.

밤중이 되어 달빛이 들보를 비추자, 발걸음 소리가 점점 가깝게 들려와 깜짝 놀라 보니, 옛날의 최 소저였다.

이 선비는 그녀가 죽은 것을 알고 있었으나, 워낙 유다른 사랑이라 의아하게 생각지 않고 물었다.

"당신은 어디로 피난하여 생명을 보전하였소?"

최 소저는 그의 손을 잡고 통곡하며 말했다.

"저는 원래 양반의 딸로서 어릴 때에 수놓는 일과 침선에 열심이었고, 시서와 예의를 배워 다만 규중의 예법만 알고 그 밖의 다른 일은 잘 알지 못하였습니다. 그런데 어느 날 당신이 복숭아 핀 담 위를 엿보셨을 때 저는 스스로 푸른 바다의 구슬을 드려 꽃 앞에서 한 번 웃고 평생의 가약을 맺었습니다. 또한 깊은 휘장 속에서 거듭 만날 때마다 정이 백 년을 넘쳤습니다. 여기까지 말을 하고 나니 슬프고 부끄러운 마음 금할 길이 없군요. 장차 백년 해로의 낙을 누리려 하였는데 뜻밖의 횡액을 만나, 끝까지 놈에게 정조를 잃지는 않았으나, 몸은 진흙탕에서 찢겼사옵니다. 절개는 무겁고 목숨은 가벼워 해골을 들판에 던졌으나, 혼백을 의탁할 곳이 없었습니다. 지난 일을 생각하면 원통한들 어찌하겠습니까? 당신과 그 날 깊은 골짜기에서 하직한 뒤 저는 속절없이 짝 잃은 새가 되었습니다. 이제 봄빛이 깊은 골짜기에 돌아와 저의 몸은 이승에 다시 태어나서 남은 인연을 맺어 옛날의 굳은 맹세를 결코 헛되게 하지 않으려 하는데 당신 생각은 어떠하시옵니까?"

이 선비는 매우 기뻐하며 감사히 여겨 대답했다.

"그것이 원래 나의 소원이오."

둘은 재미있게 말을 주고받았다. 이 선비는 또 물었다.

"모든 가산은 어떻게 되었소?"

"예, 하나도 잃어버리지 않고 어느 골짜기에다 묻어 두었사옵니다."

"그럼 우리 두 분 어버이의 유골은 어찌 되었소?"

"하는 수 없이 어떤 곳에 그냥 버려 두었사옵니다."

두 사람은 이야기를 마친 뒤 함께 즐기니, 기쁜 정은 옛날과 조금도 다를 바 없었다.

그 이튿날 그들은 옛날 함께 살았던 곳을 찾아갔다. 그 곳에서 금은 재보를 찾고, 또한 그것을 팔아 부모의 유골을 거두어 오관산* 기슭에 합장하였다.

장례를 치른 뒤 이 선비는 벼슬을 하지 않고 최 소저와 함께 살림을 차리니, 뿔뿔이 흩어졌던 노복도 차츰 모여들었다.

이 선비는 그 이후로 인간의 모든 일을 다 잊어버리고, 심지어는 친

---

* 오관산 개성 송악산 동쪽에 있는 산.

척 빈객의 방문과 길흉 대사를 모두 제쳐 놓고, 문을 굳게 닫고 최 소저와 함께 시를 주고받으며 몇 해 동안 금슬을 누렸다.

어느 날 저녁에 최 소저는 이렇게 말했다.
"세상일이 하도 덧없어 세 번째의 가약도 이제 머지않아 끝나게 되오니, 한없는 이 슬픔 또 어찌하오리까?"
"그게 무슨 말이오?"
"저승길은 피할 수 없는 길이옵니다. 저와 당신은 하늘의 인연이 정해져 있고 또한 전생에 아무런 죄악도 없으므로 이 몸이 잠깐 당신과 만나게 되었사온데, 어찌 인간 세상에 오래 머물러 산 사람을 유혹할 수 있겠사옵니까?"
이야기가 끝나자 그녀는 향아를 시켜서 술과 과일을 드리고, 노래 한 가락을 불러 이 선비에게 술을 권하였다.

난리 풍상 몇 해인가 옥같이 고운 얼굴
꽃같이 흩어지고 짝 잃은 원앙이라
남은 해골 굴러굴러 그 뉘라서 묻어 주리
피투성이 된 혼은 하소연할 곳도 없네
슬퍼라 이 내 몸은 무산 선녀 될 수 없고
깨진 거울 이제 거듭 나누려니
이제 하직하면 천추의 한이로다
망망한 천지 사이 소식조차 막히리라.

노래 부르는 동안 눈물이 흘러내려 곡조를 거의 이루지 못하였다. 이 선비도 슬픔을 걷잡지 못하며 말했다.
"내가 차라리 당신과 함께 지하로 돌아갈지언정 어찌 무료하게 여생을 홀로 보전하겠소? 얼마 전 난리를 치른 뒤 친척들과 노복이 흩어지고 돌아가신 부모님의 유골이 들판에 버려졌을 때 당신이 아니었다면 누가 가르쳐 주었겠소? 옛 성인의 말씀에 '어버이 계실 적에 예로 섬길 것이며 돌아가신 후에도 예로 장사할 것이라.' 하였는데, 이제 당신이 모두 실천하였으니 내 감사의 뜻을 아끼지 않으리다. 아무쪼록 당신은 인간 세상에 오래 살아 백 년의 행복을 누린 뒤에 나와 같이 흙이 되는 것이 어떻겠소?"

"당신의 명수는 아직 많이 남았고 저는 이미 귀신의 명부에 실렸사오니, 만약 굳이 인간의 미련을 가지면 명부의 법령에 위반되어 저에게 죄과가 미칠 뿐만 아니라 당신에게도 누가 미칠까 염려되옵니다. 다만 제 해골이 아직 그 곳에 흩어져 있사오니, 은혜를 거듭 베푸시어 사체를 거두어 주시면 더욱 감사하겠사옵니다."

말을 마치자 그녀의 몸은 차츰 사라져 자취를 감추어 버렸다.

이 선비는 그녀의 말대로 해골을 거두어 부모의 묘 옆에다 장사지낸 후 병이 나서 몇 달 만에 세상을 떠나고 말았다.

이 이야기를 들은 모든 이들은 감탄하며 그들의 아름다운 절개를 칭찬하지 않는 이 없었다.

취유부벽정기 —— 부벽정에서 취해서 노닐다

평양은 옛 조선의 서울이다. 은을 이기고 주 무왕이 기자를 방문하였을 때, 기자가 홍범의 법을 일러 주었으므로 무왕은 기자를 이 땅에 봉하였으나 신하로 여기지는 않았다.

이 곳의 명승 고적으로는 금수산, 봉황대, 능라도, 기린굴, 조천석, 추남허 등이 있는데, 영명사의 부벽정*도 그 중의 하나였다.

영명사는 고구려 동명왕의 궁이었다.

이 절은 성 밖 동북쪽 이십 리쯤 되는 곳에 있는데, 굽이굽이 흘러가는 긴 강을 옆으로 하고 앞으로는 평원을 바라보면 아득하기 끝이 없으니, 참으로 아름다운 경치였다.

날이 저물어 상선들이 대동문 밖에 있는 버들숲에 닿으면, 사람들은 으레 강물을 따라 올라와 이 곳을 구경한 후에 돌아가곤 하였다.

부벽정 남쪽에는 돌로 된 사다리가 있는데, 왼쪽은 청운 사다리, 오른쪽은 백운 사다리라 한다. 돌에 글자를 새기고 돌기둥을 세워 구경꾼들의 흥미를 끌었다.

정축년*에, 개성에 사는 부호의 아들 홍 선비가 있었는데, 얼굴이 아름답고 비록 나이는 어리나 글을 잘 하였다. 홍 선비는 팔월 한가위날을 맞아 무명실을 사려고 친구들과 함께 평양장에 베와 비단을 싣고 와서 강가에 배를 대었다.

성 안에서 구경나온 기생들이 홍 선비를 보고 모두 눈짓을 하였다.

---

* **부벽정**(浮碧亭) 부벽루. 평양 모란대 밑 절벽 위에 있는 누각. 대동강에 면하여 마치 물 위에 떠 있는 듯한 느낌을 주며 경치가 썩 좋음.
* **정축년**(丁丑年) 세조 2년(1457년). 곧 단종이 승하한 해.

때마침 성 안에 사는 홍 선비의 친구 이 선비가 잔치를 벌여 홍 선비를 환영하였다. 술이 취한 뒤 배로 돌아갔으나 밤은 서늘하고 졸음도 오지 않았다.

맑은 흥취를 진정하지 못하여 작은 배를 불러 달빛을 가득 싣고 노를 저으면서 강물을 따라 올라가 곧 부벽정 밑에 이르렀다.

홍 선비는 배를 갈대밭에 매어 두고는 사다리를 밟고 올라가 난간에 비겨 서서 시를 낭랑히 읊었다.

때마침 달빛은 환하고 물결은 흰 비단 같아 청학과 기러기의 울음소리를 듣자 마치 하늘 위 옥황님이 계신 곳인 듯싶었다. 한편 옛 서울을 돌아보니 안개 낀 외로운 성에 물결만 철썩거릴 뿐이었다. 그는 옛 나라*의 흥망을 탄식하며 여섯 수의 시를 잇달아 읊었다.

　　부벽정 높은 곳에 홀로 올라 읊으니
　　구슬픈 강물 소리는 애끊는 듯하여라
　　고국이 어디런고 영웅은 간 곳 없고
　　쓸쓸한 성은 지금도 봉황의 얼굴이라
　　모래에 달빛 희니 기러기는 아득하구나
　　숲 속엔 안개 걷히어 반딧불이 날고 있네
　　인사는 바뀌어 풍경조차 쓸쓸한데
　　절 깊은 곳에 종소리만 들려오네.

　　님 계신 구중 궁궐 가을 풀만 쓸쓸한데
　　갈수록 아득해라 높은 바위 구름길은
　　청루는 어디 있나 자취도 없고

---

* 옛 나라　여기서는 고구려를 가리킴.

담 너머 희미한 달 찬 까마귀 우지진다
풍류는 간데없어 진토만 남았도다
쓸쓸한 외로운 성에 가시가 덮여 있네
아아 물결 소리 옛날같이 울어 옐 때
밤낮으로 쉬지 않고 깊은 바다 향하누나.

쪽처럼 푸르구나 대동강 굽이굽이
슬프다 천고 흥망 한한들 어이하리
금정에 물 마르고 담쟁이만 드리웠네
석단엔 이끼 낀 채 능수버들 늘어졌네
타향의 좋은 풍월 한없이 시만 읊고
정든 고국 생각에 술이 건들 취하누나
달빛이 밝은 탓인가 졸음조차 아니 오고
계수나무 그늘 밤 깊은데 매운 향내 풍겨 온다.

오늘이 한가위라 저 달빛은 곱구나
외로운 옛 성터를 바라볼수록 슬프구나
기자 사당 뜰 앞에는 늙은 숲이 우거지고
단군 사당 벽 위에도 담쟁이가 얽히었네
영웅은 자취 없어 어디로 돌아갔느뇨
초목만 어렴풋한데 몇 해나 되었던고
옛날이 더욱 그립구나 둥근 달만 옛과 같네
맑은 빛이 흘러흘러 객의 옷에 비치도다.

동산에 달 뜨거라 잠든 까막까치 왜 나느냐
깊은 밤 찬 이슬은 나의 옷에 함초롬하다

문물은 천 년이라 옛 모습은 간데없고
산천은 변천하여 허물어진 성뿐이라
하늘에 오르셨는가 님은 아니 돌아오고
인간에 끼친 얘기 무엇으로 증거하리
누런 수레 기린 타고 가신 자취 아득하다
풀 우거진 옛길 위로 홀로 가는 저 선사야.

찬 이슬 내렸으니 온갖 초목 다 지겠다
청운교냐 백운교냐 우뚝우뚝 솟았구나
수나라 사졸들은 여울에서 구슬피 우네
가을 매미 울음소리 동명왕의 넋이런가
옛 길에 안개 끼고 수레 소리 간데없네
푸른 솔 우거진 곳 늦은 종만 쓸쓸하다
높이 올라 읊으련만 그 누가 화답하리
바람 맑고 달빛 흴 때 흥만 겨워 하노라.

　　홍 선비는 시를 다 읊고 난 뒤 일어나 춤을 추었다. 그리고 한 구절을
읊을 때마다 슬픈 뜻을 걷잡지 못하여, 비록 통소와 노래의 유창한 화
답은 없다 하더라도, 구슬픈 운율은 넉넉히 깊은 물에 잠긴 용을 춤추
게 할 만하였다.
　　어느덧 밤이 깊어 돌아오려 할 때 서쪽에서 문득 발걸음 소리가 들려
왔다.
　　홍 선비는 속으로 생각했다.
　　'시 읊는 소리를 듣고 절에 있는 스님이 찾아오는 것인가?'
　　그러고는 앉아서 기다리는데 뜻밖에도 아름다운 한 여인이 나타났
다. 그 여인을 두 동자가 좌우에서 모시고 따르는데, 한 동자는 옥 파리

채를 들었고 다른 동자는 비단 부채를 들고 있었다. 여인의 차림은 가지런하고 그 몸가짐이 양반집 소저 같았다.

홍 선비는 뜰 아래로 내려가 담 틈에 비껴 서서 그녀의 태도를 엿보았다. 그 여인은 남헌에 기대 서서 달빛을 바라보며 곱게 시를 읊는데, 그 풍류와 기상이 매우 얌전했다. 시녀가 비단 방석을 펴니 여인은 다시금 맑은 목소리로 말했다.

"이 곳에서 방금 시 읊는 소리가 났는데 갑자기 어디로 가셨습니까? 나는 요물이 아닙니다. 다만 좋은 저녁을 맞아 구름 없는 하늘에 달이 둥실 솟고 은하수 맑은 가에 백옥루 차디찬데 계수나무 그림자 비낀 이 때 한 잔 마신 후에 읊어서 그윽한 회포를 풀어 이 밤을 보내는 것이 어떻겠습니까?"

이 말을 들은 홍 선비는 한편으론 기쁘고, 다른 한편으로는 두렵기도 하여 어찌할까 망설이다가 이내 헛기침 소리를 내었다. 여인은 곧 시녀를 시켜 그에게 전하도록 하였다.

"아씨 명령을 받들어 모시러 왔사옵니다."

홍 선비는 시녀를 따라서 그녀의 앞에 가 예를 하고 앉았다. 여인은 별로 공손한 태도도 보이지 않고 시녀를 시켜서 낮은 병풍으로 앞을 가려 다만 얼굴 반쪽만 서로 보일 정도였다.

그녀가 말했다.

"아까 그대가 읊은 시는 무엇을 뜻한 것입니까? 의아하게 생각지 말고 나에게 다시 들려 주세요."

홍 선비는 그 시를 다시 들려 주었다. 여인은 웃으면서 말했다.

"그대와는 시를 논할 만하군요."

곧 시녀를 시켜서 술을 주는데, 차려 놓은 모든 음식이 인간의 것과 같지 않아 먹으려 해도 딱딱하고 술맛 역시 쓰기만 하여 마실 수가 없

간단하기……
처고의 흔한상시
풀르지만
대동강 을는 쪽빛보다
뛔

었다.

여인은 한 번 빙긋이 웃으면서 시녀에게 명하였다.

"그대는 속세에 살던 선비인데 어찌 백옥례*와 홍규포*를 알겠습니까? 얘야, 빨리 신호사에 가서 절밥을 조금만 빌려 오너라."

시녀가 얼른 절밥을 얻어 왔으나 간장이 없는지라 또 시녀를 시켜 주암에 가서 간장을 얻어 오게 하였더니, 얼마 안 되어서 잉어적을 가지고 왔다.

홍 선비가 그 음식을 먹는 동안 그 여인은 홍 선비의 시에 화답하는 시를 계수나무 종이에 써서 시녀를 시켜 홍 선비에게 건넸다.

부벽정 오늘 저녁 달빛은 더욱 밝구나
한없는 맑은 얘기 느낌이 어떻던고
어렴풋한 나뭇빛은 푸른 일산처럼 퍼져 있고
고요히 이는 강물은 흰 비단을 둘렀는 듯
광음은 흘러흘러 새같이 빠르거늘
세상 일은 속절없어 놀란 물결 무상해
이 날 밤 깊은 마음 뉘라서 알쏘냐
깊은 숲 풍경 소리 한 소리 또 한 소리.

옛 성을 바라보니 대동강이 여기로구나
푸른 물결 맑은 모래 울어 예는 저 기러기
기린은 오지 않고 고운 님을 여읜 뒤에

＊백옥례(白玉醴) 선인이 마시는 술.
＊홍규포 용고기로 만든 포.

퉁소 소리 끊어지고 높은 무덤뿐이로다
갠 메에 비 오려나 내 시는 이미 이루었네
외로운 절은 고요하니 술 한 잔에 건들 취해
술 속에 빠진 구리 낙타 가련할손 차마 보랴
몇천 년 묵은 자취 뜬구름이 되었구나.

풀 밑에서 슬피 우니 쓰르라미 소리로다
오르니 높은 정자 생각조차 아득할 때
그친 비 남은 구름 옛 일이 슬프도다
떨어진 꽃 흐르는 물에 세월을 느끼네
가을이라 밀물 소리 더욱더욱 슬프구나
물에 잠긴 저 다락엔 달빛마저 쓸쓸하이
아는가 ! 이 곳은 옛날의 번화지라
거친 성 늙은 나무 남의 애를 끊누나.

금수산 앞이러냐 강산도 가려 하는구나
단풍은 붉은 채로 옛 성을 비춰 주고
가을 밤 북 소리 유달리 요란하다
배 저어라 한 곡조에 고깃배는 돌아오네
바위에 비긴 고목 담쟁이는 얽혀 있고
숲 속에 누운 빗돌 이끼 가득 끼었구나
말없이 난간에 비겨 옛 일을 생각하니
달과 파도 소리 슬픔을 자아내네.

성긴 별은 몇 개냐 푸른 하늘 속삭인다
은하수 맑고 옅고 달빛은 밝을세라

아는가 ! 번화로운 옛 일은 이제야 헛것이라
저승을 기약하랴 이승에서 만나보세
술 한 잔 가득 부어 취해 본들 어떠리
풍진의 삼 척 검을 마음에다 둘쏘냐
만고의 영웅들도 흙 되었으니
세상에 끼친 것은 헛이름뿐이로다.

이 밤이 어찌 됐나 밤은 이미 깊었구나
담장 위에 걸린 달은 오늘 저녁 둥글건만
진토를 떠나가다 님은 어찌하려느뇨
한없는 즐거움을 나와 함께 누리리라
강 위의 구슬 다락 사람들은 흩어지고
뜰 앞엔 고운 나무 이슬 처음 듬뿍할 때
묻노라 어느 때에 서로 거듭 만나려나
봉래산 복숭아 익고 푸른 바다 마른다네.

홍 선비는 그 시를 읽고 매우 기뻐, 그녀가 빨리 돌아갈까 봐 좋은 이
야기로 말리려고 이렇게 물었다.

"소저의 성씨를 듣고자 하옵니다."

"이 몸은 옛날 은왕의 후예요 기씨의 딸입니다. 나의 선조 기자님께
서는 처음 이 땅에 오셔서 모든 예법과 정치를 한결같이하고 팔조의
금법을 세웠습니다. 그리하여 오래도록 문화가 빛났는데 갑자기 나
라와 민족이 비운에 빠져, 나의 부친 준왕께서는 필부의 손에 패하여
나라를 잃으시고, 위만이 틈을 타서 보위를 도적하니 나는 이 때를
당하여 스스로 절개를 지키기로 맹세하고 죽기만 기다렸습니다. 그
런데 마침 거룩한 선인이 나타나셔서 나를 어루만지면서 하시는 말

쓰이 '내 본디 이 나라의 시조로서, 부귀를 누린 뒤에 바닷섬에 들어가 선인이 된 지 벌써 수천 년이 되었느니라. 그대는 나와 함께 상계에 올라가 즐겁게 노는 것이 어떻겠느냐?' 하시기에 곧 응낙하였더니, 그분은 나를 데리고 자기가 살고 있는 곳에 이르러 별당을 지어 나를 접대하고, 또 나에게 삼신산의 불사약을 주셨습니다. 이 약을 먹고 나니 문득 몸이 가벼워지고 기분이 상쾌해져서, 공중에 높이 떠서 우주를 굽어보며 세상의 명승지를 빠짐없이 유람하였는데, 어느 날 가을 하늘이 맑고 유난히 밝은지라 별안간 멀리 날 생각을 하게 되었습니다. 드디어 달나라에 올라 월궁을 구경한 후 수정궁 안으로 가 항아를 방문하였더니, 항아는 내 절개가 곧고 글월에 능통하므로 꾀어 이르기를 '인간 세상에도 명승지가 없지 않으나 모두 풍진이 소란하니, 어찌 청천에 한 번 솟아 흰난새를 타고 맑은 향내를 계수나무에 뿜으며 옥경에 설렁이고 은하에 목욕하는 것과 같겠는가?' 하고는 바로 나를 향안의 시녀로 하여금 양쪽에서 모시게 하니 그 기쁨은 이루 다 말할 수 없었습니다. 그런데 오늘 저녁에 갑자기 고국 생각이 간절하여 하계의 인생을 내려다보니, 산천은 의구하나 인물은 간데없고 달빛은 내를 덮고 백로는 띠끌을 씻은지라, 옥경*을 하직하고 슬며시 내려와 조상님 무덤을 뵈온 후 부벽정에 올라 시름을 달래려 하였는데 마침 당신을 만나 한없이 기쁘기도 하고 또한 부끄럽기 짝이 없습니다. 더구나 둔한 붓을 들어 아름다운 시에 화답했으니, 시라고 하기엔 부끄럽지만 마음 속에 품은 생각을 대충 나타낸 것입니다."

여인은 슬픈 어조로 이렇게 말했다.

홍 선비는 머리를 숙여 절하며 말했다.

＊옥경(玉京) 옥황상제가 산다는 하늘나라의 서울.

"하계의 어리석은 이 백성이 초목과 함께 썩음이 마땅하온데, 어찌 갸륵하신 선녀님과 시를 주고받으리라고 꿈엔들 기약하였겠습니까? 그리고 인간의 모든 것을 청산하지 못한 저는 주시는 음식도 먹지 못하고, 다만 글을 대략 알았을 정도이므로 내려 주신 시를 읊어 보았사오니, 다시 '가을 밤'으로 제목을 삼아 한 편을 지어 저에게 가르쳐 주심이 어떠하겠사옵니까?"

여인은 곧 응낙하여 붓을 풀어 한 번 쓰는데 마치 구름과 안개가 서로 눈부시게 얽힌 듯하였다.

> 부벽정 달 밝은 밤 높은 하늘 옥로 내려
> 오동에 맑은 빛이, 은하수도 잠겼어라
> 희디흰 삼천 리요 아리따운 십이 루에
> 구름도 한 점 없고 두 눈에는 맑은 바람
> 흐르는 물 뜨는 배에 다정스레 따르는구나
> 선창도 엿보면서 갈꽃 물가 비쳐 주네
> 금조개로 집을 짓고 탑 그림자 비꼈도다
> 달빛 차니 까치는 놀라 날고 소는 헐떡인다
> 은은한 곳 푸른 메요 둥글둥글 바다 위를
> 님과 함께 거닐리라 주렴 고리 높이 걸곤
> 눈부신 비단 병풍 수놓은 채 휘장 치고
> 보배 거울 처음 걸고 얼음 바퀴 구를 때
> 금물결은 쓸쓸하고 은하수는 떨어지네
> 금두꺼비 베려나 옥토끼를 사냥할 때
> 먼 하늘에 비 개고 좁은 길에는 녹았네
> 숲에 솟은 헌함 아래 깊은 못물 굽어보고
> 머나먼 길 아득 잃고 고향 친구 만났도다

좋은 시를 주고받아 이름난 술 가득 부으니
아껴 보세 이 광음을 취하도록 또 한 잔
화로 속의 까만 숯불 게 끓이는 쟁개비*라
용봉탕을 맛보려나 항아리에 가득 찼네
외로운 솔의 학은 울고 네 벽에는 귀뚜라미
호상의 말 끝나면 먼 물가에 노닐리라
황폐한 성은 어렴풋하고 우는 잎은 쓸쓸할 때
붉은 단풍 누런 갈대 쓸쓸하기 그지없네
선경엔 천지 넓고 진토에는 세월 빨라
벼 익은 옛 궁터요 고목 우거진 들의 옛 사당이라
남은 자취는 돌뿐인가 흥망은 갈매기에게 물어 보리
맑은 빛이 몇 번 찼는고 인생이란 하루살이
고운 님은 어디 가고 궁궐조차 절이 됐나
깊은 숲 속 가린 휘장 반딧불만 번득인다
옛적 일도 슬프건만 오늘 근심 어이하리
목멱산은 단군 터요 기자 여기 오셨던가
굴 속에 무엇 있나 기린 자국 뚜렷하이
들판에서 주운 물건 숙신의 화살이라
선녀는 용을 타고 선비 또한 붓을 멈춰
난초라 매운 향내 푸른 공중에 풍기는구나
곡조를 마친 뒤에 하직이란 웬 말인가
바람은 고요한데 놋소리만 처량하구나.
　여인은 다 쓰고 나서 붓을 던져 버리고는 공중에 높이 솟아 간 곳이 없고, 다만 시녀를 시켜서 홍 선비에게 말을 전하였을 뿐이다.

---

* 쟁개비　무쇠로 만든 작은 솥.

"옥황님의 명령이 엄하셔서 나는 곧 흰난새를 타고 돌아갑니다. 다만 아름다운 이야기를 다 끝내지 못하여 몹시 섭섭합니다."

그 후 얼마 되지 않아 갑자기 회오리바람이 불어 홍 선비가 앉은 자리를 걷어 가고 그 시를 날려 버렸다. 무릇 이런 일을 인간 속세에 알리지 않기 위해서였다.

홍 선비는 정신이 나간 사람처럼 한참 동안 서서 곰곰이 생각해 보니, 꿈도 아니고 생시도 아닌지라 난간에 홀로 기대 서서 정신을 차리고 그녀가 한 말들을 기록하고, 또 좋은 인연을 얻어서 가슴 속에 쌓인 이야기를 다 못했음을 한탄하며 시 한 수를 읊었다.

비갰더니 구름이야 하염없이 한 꿈이라
가신 님은 언제나 퉁소 불며 돌아올꼬
대동강 푸른 물결 무정하다 마소서
님 여읜 저 곳으로 슬피 울며 나는구나.

다 읊고 나자 절에서 종이 울리고 물가 마을에서 닭이 노래를 부르는데, 달은 서쪽 하늘에 걸려 있고 샛별만 반짝이며, 뜰 아래의 쥐와 상 밑의 벌레 소리가 들려올 뿐이었다.

홍 선비는 슬프기도 하고, 한편으론 온몸이 수굿하여 다시금 머물 수 없으므로 서둘러 돌아와 배에 올라타고 옛 물가에 닿았다. 그가 돌아온 것을 안 친구들은 서로 앞을 다투어 물었다.

"도대체 어젯밤엔 어디서 자고 오는가?"

홍 선비는 속여서 말했다.

"사실은 어제 낚싯대를 메고는 달빛을 따라 장경문* 밖까지 가서 고

---

* 장경문(長慶門) 평양부중의 장경사에 있었던 문.

기를 낚으려 하였으나, 밤이 서늘하여 물결이 찬 탓으로 붕어 한 마리도 낚지를 못했네그려!"

친구들도 그의 말을 의심하지 않았다.

그 후 홍 선비는 그 여인을 잊지 못해 병을 얻어 집으로 돌아갔으나, 정신이 멍하고 말의 앞뒤가 맞지 않았다. 그는 오랜 기간 병상에 누워 있었으나 조금도 차도가 없었다.

그러던 어느 날 밤 꿈 속에 소복한 여인이 나타나 홍 선비에게 말했다.

"우리 아가씨께서는 당신의 재주를 몹시 사랑하시어 견우성 막하의 종사 벼슬을 명하셨사오니 하루 속히 부임하시는 것이 어떻겠습니까?"

홍 선비 깜짝 놀라 깨어 깨끗하게 목욕을 한 뒤에 향을 태우며 자리를 정리하고 잠깐 누웠다가 문득 세상을 떠나게 되니, 바로 구월 보름이었다.

그의 시신을 빈소에 안치한 지 여러 날이 되어도 얼굴빛이 전혀 변하지 않았다. 이를 두고 세상에서는 다음과 같이 추측할 뿐이었다.

"홍 선비는 아마 신선을 만나서 시신이 선화한 것 같다."

남염부주지 —— 남염부주에 가다

조선 세조 임금 십 년 무렵 경주에 박 선비가 살고 있었다.

박 선비는 일찍이 유학에 뜻을 두어 태학에 추천생으로 응시했으나 불행히 합격되지 않아 늘 답답한 마음을 품고 있었다.

그는 뜻이 매우 높아 세력가에 아부하지 않았으므로 남들은 모두 그를 거만한 청년이라고 말했다.

그러나 그는 남들과 교제할 때마다 태도를 대단히 부드러이 하여 좋은 평을 얻게 되었다.

그는 일찍부터 불교, 무당, 귀신 등 모든 것에 의문을 품는 한편 〈중용〉과 〈역경〉을 읽은 뒤 더욱 자기의 학설에 대해 자신을 얻게 되었다. 그는 성격이 순수한 탓으로 불교 신자들과도 사귀는 일이 많았다.

어느 날 그는 한 스님에게 천당과 지옥에 대해 물었다가 의문이 나서 말했다.

"천지에는 다만 음과 양이 있을 뿐인데 어찌 천지의 밖에 다시 천지가 있겠습니까?"

스님은 말했다.

"명확히 말하기는 어려우나 아마 화복의 갚음은 없지 않겠죠?"

그러나 박 선비는 그의 말을 믿지 않고 '일리론'이라는 논문을 지어서 스스로 이단자의 유혹에 빠지지 않으려고 힘썼다. 그 요지는 다음과 같다.

내 일찍이 옛말을 들으니 '천하의 이치는 오로지 한 가지가 있을 뿐이다.'라고 하였다. 한 가지라 함은 둘이 아님을 이름이라. 그리고

이치란 천성을 말함이요, 천성이란 하늘의 명령을 말함이라. 하늘이 음양과 오행으로 만물을 낳을 때 기로써 얼굴을 이룩하였고 이에 이도 첨가하는 것이다.

그리고 이치라는 것은 일용 사물의 사이에 각각 조리가 있어서, 예를 들면 부자 사이에는 친함을 다하여야 할 것이며, 군신 사이에는 의리를 다하여야 할 것이며, 부부와 장유 사이에는 각기 당연히 행해야 할 길이 있을 것이니, 이치를 따르면 어디를 가더라도 통할 것이요, 이를 어기어 천성을 잃어버리면 재앙이 미칠 것이니, 어떤 사물이라도 끼침 없이 연구하여 나의 지식을 넓혀야 할 것이다.

인간으로서 이 어진 마음이 없지 않을 것이며, 천하의 만물에도 이 이치가 없지 않을 것이다. 천성의 자연을 따라 물건마다 이치를 연구하고 일마다 근본을 추궁하여 그 극치에 이르면 곧 천하의 이치가 모두 마음 사이에 늘어설 것이다.

이러한 방법으로 관찰해 본다면 천하와 나라가 모두 여기에 포함되어 천지의 사이에 간여해도 어긋남이 없을 것이고, 귀신에게 물어 보아도 의심이 없을 것이며, 오랜 시간을 지나도 사라지지 않을 것이니 유교의 근본은 이에 그칠 따름이라. 이로 보아서 천하에 어찌 두 이치가 있겠는가? 저 이단자의 말을 나는 굳이 믿지 않는다.

어느 날 밤 박 선비는 등불을 돋우고 〈역경〉을 외우다가 몸이 피곤하여 베개를 베고 잠이 들었다. 갑자기 두 겨드랑이에 푸른 날개가 돋힌 듯하더니 한 곳에 이르니 곧 바닷속의 한 섬나라였다.

그 땅에는 초목도 모래도 없고 발에 밟히는 것은 모두 구리가 아니면 쇠붙이요, 낮이면 사나운 불꽃이 공중에 뻗쳐 땅덩이가 녹아 내리는 듯하고 밤이 되면 쌀쌀한 바람이 서쪽으로 불어 사람의 뼈끝을 에는 듯하였다.

그리고 무쇠 성이 바다에 닿아 있고 높이 솟은 무쇠 문이 굳게 잠겨 있었다.

모습이 몹시 모진 수문장은 창과 철퇴로 외적을 막고, 그 가운데에서 살고 있는 사람들은 무쇠로 꾸민 건물에 살고 있는데 낮이면 쇳물이 녹아 내리고 밤이면 어는 상태였다. 그러나 아침이나 저녁이 되면 웃음과 말소리가 분명히 들려왔다.

이 상태를 본 박 선비는 무서움을 느끼고 있는데 수문장이 손을 들어 박 선비를 불렀다. 박 선비는 몹시 당황하여 몸을 떨면서 앞으로 나아갔다.

수문장은 박 선비에게 물었다.

"당신은 어떤 사람이오?"

"예, 저는 ○○나라에 사는 박○○입니다. 모든 잘못을 용서해 주시기를 간절히 비옵니다."

"아아, 그렇소? 일찍이 들으니 '유학자는 남의 위협을 만나더라도 굽히지 않는다.' 하는데 어찌 선비님은 지나친 경의를 표하시오? 선비님 같은 분을 만나 동방의 인류에게 한 말씀 선포하려고 하는 것이니 여기 조금 앉아 기다리시오. 내 곧 임금님께 아뢰겠소."

하고 수문장은 어디로 들어갔다가 다시금 나와 박 선비에게 말했다.

"임금님께서 당신을 만나고자 하시니 당신은 아무쪼록 위엄에 무서워 하지 말고 바른 말로 대답하되 이 나라의 백성으로 하여금 옳은 길을 알게 해 주시오."

말이 끝나자 검은 옷과 흰 옷을 입은 두 동자가 손에 두 권의 책을 가지고 왔는데 한 책은 검은 종이에 푸른 글자를 쓴 것이고, 다른 책은 흰 종이에 붉은 글자를 쓴 것이었다.

동자는 그 책을 박 선비 앞에 펴 보였는데, 그의 성명이 흰 종이에 붉은 글자로 씌어져 있었다.

'현재 ○○나라에 살고 있는 박○○는 이승에서 아무런 죄가 없으니 이 나라의 백성이 될 이유가 없다.'

박 선비는 그 글을 읽고 동자에게 물었다.

"나에게 이 책을 보이는 것은 무슨 까닭이오?"

"예, 검은 책은 악인의 명부이고 흰 책은 선인의 명부이옵니다. 그리하여 선인의 명부에 실린 분은 임금님께서 예법으로 맞이하시고 악인의 명부에 실린 자는 노예로 대우하오니 이를 선비께 알리려 하옵니다."

하고 동자는 그 책을 가지고 들어가 버렸다.

얼마 안 되어 빨리 구르는 수레 위에 연꽃 자리를 설치하여 예쁜 동자들이 파리채와 일산 등을 갖추고 무사와 나졸들이 창을 휘두르면서 오는데 호령은 추상 같았다.

박 선비가 놀라 쳐다보니 그 앞에 무쇠 성이 세 겹이요, 대궐이 높이 솟아 있고 뜨거운 불꽃이 공중을 덮고 있으며, 길에 다니는 사람들은 무르녹은 구리를 마치 진흙 밟듯이 하며 걸어가고 있었다. 그러나 박 선비의 앞 몇십 걸음쯤 되는 거리는 평탄하여 속세나 다름없으니, 이는 아마 신의 힘으로 이룩된 듯싶었다.

그 나라의 서울에 이르니 네 문이 활짝 열렸는데 모든 시설과 건물은 속세와 다름 없었다. 두 아름다운 여인이 마중하여 안으로 들어갔다.

국왕은 통천관*을 쓰고 문옥대*를 두르고 뜰 아래에 내려와 맞이하였다. 박 선비는 땅에 엎드려 감히 쳐다보지도 못했다. 임금은 말했다.

"지역이 몹시 멀어 서로 통제할 권리도 없을 뿐 아니라 이치에 통달하신 선비님을 어찌 위력으로 굴복시키겠사옵니까?"

---

* **통천관**(洞天冠) 옛날에 임금이 거동할 때 쓰던 관.
* **문옥대**(文玉帶) 빛나는 옥으로 만든 띠.

임금은 곧 박 선비의 소매를 잡고 대궐에 올라 특별히 한 자리를 정한 뒤에 동자를 불러 차와 과실을 올렸다. 박 선비가 눈을 들어 잠깐 엿보니 그 차는 구리 물과 같고 과실은 탄환과 다름없었다. 박 선비는 이상히 여기는 한편 두려운 마음도 있었으나 피할 곳이 없어 다만 그들이 하는 대로 내버려 둘 뿐이었다.

　차와 과실을 올리자 매운 향기가 온 자리에 풍겼다. 임금이 말했다.

　"선비님은 이 곳이 어딘지 모르실 겁니다. 여기는 곧 속세에서 이르는 염부주라는 곳입니다. 대궐의 북쪽 산이 옥초산이요, 이 섬은 멀리 남쪽에 떨어져 있어서 남염부주라고 부릅니다. 또 염부라는 말은 사나운 불꽃이 항상 공중에 떠 있는 것을 말함이요, 내 이름은 '염마'라고 불리는데, 이는 불꽃이 나의 육신을 마찰하기 때문입니다. 내가 이 곳의 책임을 맡은 지 이제 만여 년이나 되는데, 옛날 창힐*이 글자를 처음 만들 때 우리 백성들을 보내 울어 주었고 불도를 닦을 때 나의 제자를 보내어 보호했지만 중국의 삼황과 오제와 주공, 공자는 각기 자기의 도를 지켰기 때문에 나로서는 아무런 관계도 하지 못했던 것이오."

　"주공, 공자와 석가는 모두 어떤 인물이라고 생각하옵니까?"

하고 박 선비가 묻자 임금이 말했다.

　"주공, 공자는 중국에서 태어난 성인이요, 석가는 인도의 흉한 민족의 성인이었소. 그러나 아무리 분명한 시대라도 사람의 성품은 순수한 것과 혼잡한 것 두 갈래가 있기 때문에 주공, 공자께서 이것을 통솔하였고, 흉한 민족이 비록 어리석더라도 그 기운의 날카롭고 둔한 차이가 있기 때문에 석가는 이것을 깨우쳐 주었던 것이요, 그리고 주공, 공자의 가르침은 정도를 가지고 사도를 물리쳤기 때문에 그 말씀

＊ 창힐　중국 고대의 전설적인 제왕인 황제(黃帝)의 신하. 처음 글자를 만들었다고 함.

이 정직했고, 석가의 가르침은 사도로써 사도를 물리쳤기 때문에 그 말씀이 황당해서 소인들이 믿기가 쉬웠던 것이요, 그러나 종말에는 모두 군자와 소인으로 하여금 정도로 나아가도록한 것이요, 결코 이단의 도로써 속세의 사람을 속이는 것은 아닌가 하오."

"그러면 귀신이란 어떤 것이옵니까?"

하고 박 선비가 다시 묻자 임금은 말했다.

"귀는 음의 영이요, 신은 양의 영이니, 대체로 귀신이라는 것은 조화의 자취요, 음양의 힘입니다. 살았을 때는 사람이라 하고 죽으면 귀신이라 하지만 그 이치는 아마 다르지 않을 것이오."

"속세에서는 귀신에게 제사 지내는 예법이 있사온데 제사의 귀신과 조화의 귀신을 어떻게 구별합니까?"

하고 박 선비가 또 물으니 임금은 대답했다.

"다를 것이 없다고 보오. 옛날에 귀신은 소리도 없고 형체도 없다고 했으나 물질은 음양의 변화에 따르는 것이요, 또 천지에 제사 지내는 것은 음양의 조화를 존경하는 것이며, 산천에 제사 지내는 것은 기화의 오르내림을 갚으려 하는 것이요, 조상에 제사 지내는 것은 근본에 보답하려 하는 것이며, 신에 제사 지내는 것은 재앙을 면하려 하는 것이요, 형체가 뚜렷이 있어서 쓸데없이 인간의 화복을 주장하는 것이 아님에도 불구하고 사람들은 부질없이 귀신이 있다고 생각하는 것이오. 공자께서, 귀신은 공경하면서도 멀리해야 한다고 하신 말씀은 이를 염두에 두신 것이 아니겠소?"

둘은 끝없이 문답을 계속했다.

박 선비가 또 임금에게 물었다.

"그러면 속세에서는 일종의 사귀와 요물이 사람을 해치는 일이 있사온데 이것도 귀신이라고 볼 수 있사옵니까?"

임금은 대답했다.

"그렇지 않습니다. 귀는 굽힌다는 뜻이요, 신은 편다는 뜻이니 굽혀도 펼 줄 아는 것은 조화의 신이요, 굽히기만 하고 펼 줄 모르는 것은 엉킨 요괴일 것이오. 천지의 신은 조화와 합하기 때문에 음양과 함께 그 자취가 없지만, 요물의 신은 사람과 혼동되어 이들을 모두 귀라고 할 수 있습니다. 한편 신이란 음양의 헤아릴 수 없음을 이름입니다."

박 선비가 다시 물었다.

"불가의 말에 의하면 하늘 위에는 천당이라는 극락 세계가 있고 땅 밑에는 지옥이 있다고 하는데 이것이 사실입니까? 또 사람이 죽은 지 사십구 일이 되면 부처님께 재를 드려 그 영혼을 추천하고 대왕께 지전의 뇌물을 바쳐서 그 죄를 청산한다 하오니, 그렇다면 간악한 인간이라도 대왕은 잘 용서해 주시는 것입니까?"

임금은 대답했다.

"그것은 내가 처음 듣는 말이오. 하늘에는 두 해가 없고 백성에게는 두 임금이 있을 수 없는 법이오. 또 지전을 바치면서 재를 올린다는 속세의 일을 나는 실상 알지 못하니 그대는 좀 자세히 이야기해 주기 바라오."

이에 박 선비가 말했다.

"속세에서는 부모가 죽은 지 사십구 일이 되면 상장의 예를 치르기 전에 먼저 절에 가서 재를 올리는 것을 급선무로 삼으며, 부자들은 지나친 경비를 허비하고, 가난한 집에서는 논밭을 잡히고 곡식을 팔고 있습니다."

임금은 대답했다.

"이게 웬 말씀이오? 사람이 이 세상에 날 때에 하늘은 어진 성품을 갖고 나게 하시며, 땅은 곡식으로 길러 주고, 임금은 법령으로 다스려 주며, 스승은 도리를 가르쳐 주고, 어버이는 은혜와 사랑으로 길러 주는 것이오. 사람이 죽으면 정신과 기운이 이미 흩어져서 오직 근본으로 돌아갈 뿐인데 어찌 다시 캄캄한 속에 멈추어 있겠소."

박 선비가 다시 물었다.

"그렇다면 윤회에 대해서 어떻게 보아야 하겠사옵니까?"

임금은 대답했다.

"정신이 흩어지지 않았을 때에는 마치 윤회의 길이 있을 듯하지만 시간이 오래 지나면 자연히 사라지고 마는 것이오."

둘의 문답이 여기까지 이르렀으나 그래도 오히려 아쉬운 점이 있었다. 박 선비는 계속하여 임금에게 물었다.

"임금께서는 무슨 인연으로 이 나라에서 임금의 책임을 맡으셨사옵니까?"

임금이 대답했다.

"내 일찍이 사람으로 있을 때 나라와 민족을 위한 충성이 지극하였소. 용맹을 내어 적을 칠 때에 스스로 맹세하기를, 죽어서도 귀신이 되어 적을 죽이겠다고 맹세하였소. 죽은 뒤에도 그 정신이 사라지지 않아 이 땅에 와서 중대한 책임을 맡게 된 것이오. 이제 나는 운명이 다하여 이 자리를 떠나야겠고 선비님도 명수가 끝났으니, 이 나라의 백성들을 맡아 줄 분은 선비님 말고 누가 있겠소?"

말을 마치고 임금은 잔치를 벌여 박 선비를 후하게 대접했다.

임금이 또 삼한의 흥망을 묻자 박 선비는 일일이 이야기했다. 고려의 건국에 이르러서 임금은 여러 번 탄식하며 말했다.

"나라의 책임을 맡은 이는 폭력으로 백성을 누르지 못하는 것이니 백성이 비록 잠시 따르더라도 끝에 가서는 불평이 쌓여서 사건이 일어나게 되는 것이요, 또 덕이 없이는 지위를 차지할 수 없는 것이니 하늘이 비록 묵묵히 말은 없을지라도 그 명령은 엄한 것이요, 또 대체로 나라는 백성의 것이요, 명령이란 하늘의 명령이니 천명이 가 버리고 민심이 떠난다면 아무리 자기 몸을 보존하려 한들 어찌 되겠소?"

박 선비는 다시 역대의 제왕들이 이단의 도를 믿다가 재앙을 입은 일을 이야기하자 임금은 문득 말했다.

"백성들이 기쁘게 노래 부르는 데도 홍수와 가뭄의 재앙이 나는 것은 하늘이 임금으로 하여금 매사에 삼가라고 암시한 것이오. 백성이 원망하는데도 상서로운 일이 나타나는 것은 요괴가 임금을 더욱 교만하고 방종하게 만드는 것이니, 역대의 제왕이 재앙을 입을 때 그 백성들은 안락했소, 원망하였소?"

박 선비가 대답했다.

"간신이 벌떼처럼 일어나고 큰 난리가 여러 번 일어나도 임금은 백성을 억눌러 정치를 했으니 백성이 어찌 안락했겠사옵니까?"

대왕은 탄식하며 말했다.

"아아! 선비의 말씀이 옳소."

일장의 문답이 끝난 뒤에 임금은 잔치를 거두고 박 선비에게 왕위를 전하고자 곧 손수 선위문을 지어 박 선비에게 내려 주었다.

그 글에 이르기를,

우리 땅은 실로 야만의 나라다. 붉은 구름이 햇빛을 덮고 독한 안개가 공중을 막아 목마를 때는 녹은 구리 물을 마시고 배가 주리면 쇠를 먹는다. 백성들의 풍속이 사납고 악해서 정직하지 않으면 그 간사함을 판단할 수가 없고, 지세가 험악해서 신성한 위엄이 없으면 그 조화를 베풀 수가 없다. 이제 동쪽 나라에 사는 박 선비는 사람됨이 정직하여 사리 사욕에 치우치지 않고 굳세고 씩씩하여 결단성이 있고 재질이 남과 달라서 모든 백성의 기대에 어긋남이 없을 것이니, 경은 마땅히 도덕과 예법으로 백성을 지도하여 온 누리를 태평하게 해 주시오. 내 이제 하늘의 뜻을 받들어 이 자리를 물려주는 것이니, 경은 삼가 받을지어다!

박 선비가 이 선위문을 받들어 예식을 마치고 물러간 뒤에 임금은 백성들에게 명하여 축하를 드리게 하고 박 선비를 잠시 고국으로 돌려 보내면서 거듭 칙령을 내렸다.

"머지않아서 다시 이 곳으로 오게 될 것이오. 이번에 나와 문답한 이야기를 인간 세상에 전파하여 황당한 전설을 없애 주시오."

박 선비가 대답했다.

"예! 명대로 하겠사옵니다."

박 선비는 임금과 하직하고 대궐 문을 나와서 수레를 탔다. 이 때 수레를 끄는 인부의 발굽이 진흙 속에 빠지자 수레가 쓰러지면서 박 선비가 놀라 깨니 한낱 꿈이었다.

책상 위의 책들은 흩어져 있었고 가물가물한 등불이 그의 마음을 어지럽게 했다.

박 선비는 자기가 인간 세상에 오래 있지 못할 것을 짐작하여 날마다 집안일을 정리하기에 힘쓰더니 두어 달 후에 병이 들었으나, 의원을 사절하고 드디어 세상을 떠났다.

그 이웃 사람의 꿈에 어떤 신인이 와서 이렇게 말했다 한다.

"당신의 이웃에 살고 있던 박 선비는 장차 염라 대왕이 될 것이다."

고싸움놀이

용궁부연록 —— 용궁에서 잔치를 베풀다

개성에 천마산*이라는 산이 있는데 그 높이가 하늘에 닿아 있기 때문에 천마라는 이름을 얻게 되었다 한다.

그 산 속에 연못이 있는데 그 이름은 박연이다. 박연의 둘레는 얼마 되지 않지만 그 깊이는 몇 길이나 되는지 알 수 없으며, 거기에서 넘친 물이 백여 길이나 되는 폭포*를 이루고 있다.

경치가 맑고 아름다워서 구경꾼들은 반드시 이 곳에 와 보았으며, 예로부터 여기에는 용신이 있다는 전설이 역사에 실려 있다. 또 나라에서도 세시를 당하면 소 한 마리를 잡아서 용신에게 제사 지내는 것이 예가 되어 있었다.

고려 때 개성에 살고 있던 한 선비는 일찍부터 문장에 능해서 이름이 조정에까지 들렸다.

어느 날 한 선비가 홀로 집에 앉아 있으니 문득 푸른 옷을 입은 동자 둘이 공중에서 내려와 뜰 밑에 엎드려 말했다.

"저희들은 박연에 계신 용왕님의 분부를 받고 선비님을 맞으러 왔사옵니다."

한 선비는 깜짝 놀라 낯빛을 바꾸면서 말했다.

"사람과 신의 나라가 길이 다른데 어찌 서로 통할 수가 있겠소? 더구나 물길이 멀고 풍파가 사나운데 어찌 갈 수가 있겠소?"

푸른 옷을 입은 동자들은 말했다.

"문 밖에 이미 말을 대령했사오니 염려하지 마시옵소서."

---

* 천마산(天摩山) 개성의 북쪽에 있는 산.
* 박연폭포(朴淵瀑布) 개성에서 40리 가량 되는 천마 산록에 있는 폭포. 높이 20여m.

그들이 한 선비의 소매를 잡고 문을 나서니 과연 말 한 필이 있는데, 금으로 만든 안장과 옥으로 꾸민 굴레가 훌륭하고, 머리에 붉은 수건을 썼으며, 비단으로 만든 바지를 입은 사람이 십여 인 있었다.

그들은 한 선비를 부축하여 말 위에 앉힌 뒤에 일산을 앞세우고 기악을 뒤따르게 했다.

푸른 옷을 입은 두 동자도 홀*을 들고 따라왔다.

말이 공중을 향해 나니 네 발굽 아래엔 구름만 보일 뿐 땅은 보이지 않았다. 이리하여 그들 일행은 눈 깜짝할 사이에 용궁 문 앞에 이르러 말에서 내렸다.

문지기는 모두 방게, 새우, 자라의 갑옷을 입고 무기를 들고 엄숙하게 늘어서 있는데, 한 선비를 보더니 모두 경례하고 자리를 권했다.

이 때 그 두 사람이 안으로 들어가 보고하니 얼마 안 되어 동자 둘이 나와서 한 선비를 안내했다.

용왕은 절운관을 쓰고 칼을 차고 홀을 들고서 뜰 아래에 내려와 맞으며 대궐 위에 올라가 자리에 앉기를 청하는데 이것이 곧 수정궁 안의 백옥상이었다.

한 선비는 자리를 사양하면서 말했다.

"하계의 어리석은 백성은 초목과 같은 처지이온데 어찌 위엄을 헤아리지 않고 외람되이 대접을 받겠사옵니까?"

그러자 용왕이 말했다.

"오랫동안 선비님의 이름을 들었습니다만 높으신 얼굴을 이제야 뵈오니 의아히 생각지 마시오."

용왕은 손을 내밀어 앉기를 청했다.

한 선비가 세 번 사양한 뒤에 자리에 오르자, 용왕은 남향으로 칠보

＊홀(笏) 벼슬아치가 임금을 만날 때 조복에 갖추어 손에 쥐던 패.

상에 앉고 한 선비는 서향으로 앉으려 하는데 문지기가 말했다.

"손님 몇 분이 또 오십니다."

용왕은 곧 문 밖에 나가서 그들을 맞았다. 세 손님은 붉은 도포를 입고 꽃수레를 탔는데 그 차림과 시중 드는 사람들로 보아 임금의 행차 같았다.

그 때 한 선비는 들창 밑에 몸을 숨겼다가 자리를 정한 뒤에 인사를 청해야겠다고 생각했다. 용왕은 그들 세 손님을 동향으로 앉게 한 뒤에 말했다.

"마침 양계에 계신 선비 한 분을 맞았으니 그대들은 의아해하지 마시오."

용왕은 좌우 사람에게 명하여 한 선비를 들어오게 했다. 한 선비는 들어왔으나 윗자리에 앉기를 사양하며 말했다.

"여러분은 귀하신 몸이옵고 저는 한낱 선비인데 어찌 높은 자리에 오르겠습니까?"

그러나 그들이 말했다.

"아니오. 우리와 선비님은 음양의 길이 달라서 서로 통제할 권리도 없거니와 또한 용왕님은 인격이 높고 감상하심이 밝으시니, 선비님은 반드시 양계의 문학의 대가이실 것입니다. 그러니 용왕님이 명하시는 대로 따르는 것이 어떻겠습니까?"

용왕은 각기 자리에 앉기를 권했다.

이에 세 사람은 일시에 자리에 앉고 한 선비는 끝까지 겸양의 태도로 말석에 앉았다.

앉고 나서 차를 마신 뒤에 용왕은 한 선비에게 말했다.

"내 일찍이 아들을 두지 못했고, 다만 한 딸을 길러 이미 결혼할 시기가 되었소. 예를 치르려 하나 집이 누추해서 화촉을 밝힐 만한 방도 없기로 이제 별당 한 채를 세워 가회각이라 이름지었소. 남은 준비는 다 되었으나 다만 상량문이 마련되지 못했소이다. 내 들으니 선비께서는 이름이 삼한에 떨치고 재주가 백가에 우뚝하다 하여 특별히 초대한 것입니다. 나를 위하여 상량문 한 편을 지어 주시는 것이 어떻겠소?"

말이 끝나자 두 동자가 푸른 옥벼루와 소상 대나무로 만든 붓, 그리고 이름난 비단 한 폭을 받들고 와 앞에 꿇어앉았다.

한 선비는 곧 일어나 붓을 잡고 글을 쓰는데, 그 글씨는 마치 구름과 안개가 서로 얽히는 듯했다. 그 글은 이러하다.

삼가 말씀드리건대, 이 누리 안에서는 용신이 가장 성스럽고, 사람 사이에서는 배필이 매우 소중하다. 이미 만물에 윤택한 공로가 있으니 어찌 복받을 터전이 없으리요. 이에 새로이 집을 세우고 아름다운 이름을 높이 붙여 자라를 불러 힘을 내고 조개를 모아 재목을 삼으니 수정과 산호로 기둥을 세우고 용의 뼈와 옥으로 들보를 걸었는데 주렴을 걷으면 산 빛이 푸르고 구슬 창을 열면 골짜기의 구름이 둘러 있다.

부부가 화락하여 복록을 백 년간 누리고 금슬을 고르어 금가지를 만세에 뻗게 해 다오. 풍운의 변화를 돕고 조화의 공덕을 나타내어 높은 하늘에 오를 때나 깊은 못에 내릴 때나 상제의 어진 마음을 돕고 백성의 목마름을 구제하라.

위풍이 천지에 높고 공덕이 원근에 흡족하여 검은 거북과 붉은 잉어는 뛰면서 소리치고 나무 귀신과 산의 도깨비도 모두 치하하리. 마땅히 찬양하는 노래 두어 장을 불러 들보를 들어 보리라.

들보 동쪽에 떡을 던지니
높고 높은 푸른 산이 저 공중에 솟았구나
하루 저녁 우렛소리 시냇가에 들려올 때
만 길이나 푸른 벼랑 구슬빛이 영롱하네.

들보 서쪽에 떡을 던지니
높은 바위 그윽한 길 산새들이 우짖는다
깊고 깊은 저 연못은 몇 길이나 되겠는가
푸른 유리 한 이랑이 봄빛 짙어 어리네.

들보 남쪽에 떡을 던지니
푸른 산 십 리 사이 솔숲만 비껴 있네
굉장한 저 신궁을 그 누가 알아 주랴
유리처럼 맑은 모양 그림자만 잠겨 있네.

들보 북쪽에 떡을 던지니
아침 햇살 처음 오를 때 거울처럼 밝은 연못
삼백 길 흰 산 자취 저 하늘에 비꼈으니

하늘 위의 은하수는 이 곳으로 떨어지네.

들보 위에 떡을 던지니
푸른 하늘에 흰 무지개 손 뻗어 어루만지네
동해의 부상*은 멀고 멀어 천만 리라
인간 세상 굽어보니 손바닥과 똑같네.

들보 아래에 떡을 던지니
어여뻐라 봄의 밭이랑 아지랑이 껴 있네
성스러운 물 한 줄기 이 곳에서 길어다가
온 누리에 비와 같이 뿌려 보면 어떠리.

원컨대 이 집을 이룩한 뒤에 화촉의 밤을 맞아서 만복이 함께하고
온갖 상서로운 것이 모두 모여들어 용궁과 옥전에 구름이 찬란하여
원앙 이불과 봉황 베개에 즐거움이 한없으리라.
한 선비는 글쓰기를 마치자 곧 용왕에게 바쳤다.
용왕이 크게 기뻐하며 세 손님에게 그 글을 보이니 감탄하지 않는 사
람이 없었다.

이에 용왕은 한 선비를 위하여 잔치를 열었다. 한 선비는 물었다.
"신들께서 한 자리에 모이셨으니 높으신 이름을 알려 주시면 좋겠습
니다."
용왕은 말했다.
"선비님은 양계의 사람이라 응당 모르실 것입니다. 저 세 분 중 첫째

---

* **부상**(扶桑) 해가 뜨는 동쪽 바닷속에 있다고 한 상상의 신성한 나무.

분은 조강신이요, 둘째 분은 낙하신이요, 셋째 분은 벽란신인데 선비
님과 같이 즐기게 하기 위하여 초대한 것이오.”

곧 술을 올리고 풍악을 울리며 미녀 십여 명이 푸른 소매를 떨치고
꽃을 머리에 꽂고 춤을 추면서 노래 한 곡조를 불렀다.

　　　푸른 산은 창창하고 푸른 못은 출렁이네
　　　폭포 우렁차게 날아 은하수에 닿았네
　　　저 가운데에 계신 님이시여 ! 옥소리 쟁쟁하네
　　　빛나는 위풍이요 갸륵한 얼굴이네
　　　좋은 때 길한 날에 봉황새 울음 울 때
　　　나는 듯한 이 집 지어 온갖 상서 다 모이네
　　　선비를 모셔다가 글을 지으니
　　　높은 덕 노래하여 긴 들보를 울렸네
　　　술잔을 들어 향기로운 술을 부어
　　　가벼운 제비처럼 봄볕 향해 뛰노네
　　　화로엔 매운 향기 솥에는 옥장을 끓이네
　　　어고는 소리 내고 용피리로 행진곡 울리네
　　　얌전하다 하지 않으랴 높이 앉은 님이시여 !
　　　갸륵하신 덕이시라 어깨 치며 껄껄 웃네
　　　옥항아리 치는 소리 마음껏 마시소서
　　　맑은 흥이 흡족하자 슬픈 마음 절로 나네.

춤이 끝나자 다시 젊은이 십여 명이 왼손에는 피리를 들고 오른손에
는 일산을 들고 서로 돌아보면서 노래를 불렀다.

　　　산기슭에 사람이 있으니 덩굴풀도 옷을 입었네

해가 장차 저무는데 맑은 물결 일어 가느다란 무늬가 비단 같네
나부끼는 바람 앞에 귀밑머리 헝클어지고
뭉게뭉게 구름 일어 옷자락은 너울너울
빙빙 돌면서 꼬불거리니 예쁜 웃음으로 서로 마주치네
내가 입은 홑옷은 여울 위에 던지고
내가 꼈던 가락지는 찬 모래에 버려 두네
뜰 잔디에 이슬이 젖고 높은 산에는 안개가 끼네
마치 강 위의 푸른 소라 같네
이따금 치는 징소리에 비틀비틀 취해 춤추네
물처럼 많은 술이요, 산같이 쌓인 고기일세
손님은 이미 취해서 얼굴이 붉어지니 새 곡조 지어 노래 부르세
몸을 서로 부축하고 서로 끌며 서로 손뼉 치고 웃기도 하네
옥 술병 치면서 한없이 마셨으니
맑은 흥취 무르익자 슬픈 마음 많아지네.

용왕은 기뻐하여 다시 술을 부어 권하면서 옥피리로 한 곡조를 노래
하여 그 기쁜 흥취를 도왔다.

풍류 소리 그 가운데 또 한 잔 가득 부어
기린 항아리에선 이름난 술 흘러내리네
쓸쓸한 저 옥피리를 비껴 쥐고 한 번 불어
하늘 위의 푸른 구름 쓸어 본들 어떠리
물결을 흔들어 좋은 풍월 새 곡조여
경개는 한가한데 이 인생 늙는구나
애달퍼라 빠른 광음 풍류조차 꿈이런가
기쁨도 간데없으니 이 시름 어이하리

서산에 낀 저 안개는 이 저녁에 녹아 없어지고
동쪽 봉우리 둥근 달이 기쁘게도 돌아오네.

술잔을 높이 들어 물어 보자 저기 저 달
진세의 온갖 태도 몇 번이나 겪어 왔나
금술잔에 술을 두고 님은 이미 취해 있네
옥산이 무너진들 그 뉘라서 자빠뜨려
아름다운 님이시여 ! 십 년 진토 근심 잊고
푸른 하늘 높은 곳에 유쾌하게 놀아 보세.

용왕은 노래를 마친 뒤에 좌우를 돌아보면서 말했다.

"우리 나라의 놀이는 인간 속세와 같지 않으니 그대들은 귀하신 손님을 위하여 각기 재주를 다 보이는 것이 어떠한가?"

이 때 한 사람이 자칭 곽개사*라 하고 발굽을 들고 비스듬한 걸음으로 나와서 말했다.

"저는 산 속에 숨어 사는 선비요 바위 틈에 사는 한가한 사람입니다. 팔월에 가을 바람이 맑으면 동햇가에 도망*을 옮기고, 높은 하늘에 구름이 흩어질 때면 남정* 곁에서 빛을 토했습니다. 속은 누렇고 밖은 둥글며 굳은 갑옷을 입고 날카로운 창을 가졌습니다. 재미와 풍류는 장사의 낯을 기쁘게 해 주고 움직이는 꼴은 부인들에게 웃음을 주었습니다. 그러니 내 마땅히 다리를 들고 춤을 추어 보겠습니다."

곽개사는 곧 그 앞에서 갑옷을 입고 창을 들고서 침을 흘리며 눈을

* **곽개사**(郭介士) 게의 별칭. 곽으로 성을 삼고 횡행 개사의 개사로 이름을 삼았음.
* **도망**(稻芒) 벼의 까끄라기.
* **남정**(南井) 별 이름.

부릅뜬 채 사지를 흔들면서 앞으로 나아갔다 뒤로 물러났다 하며 춤을
추는데 그의 무리가 수십 명이요, 춤추는 태도는 모두 법도에 맞았다.
이 때 곽개사는 노래 한 곡조를 불렀다.

  강해를 의지하여 비록 구멍 속에 살고 있을망정
  기운을 토하려면 범과도 싸우리라
  이 몸이 구 척이라 상감 앞에 진상하고
  겨레는 열 갈래니 이름 못다 말하리.

  님이시여 ! 기쁜 잔치 발굽 들고 비스듬한 걸음
  깊이 잠겨 있었더니 강나루의 등불에 놀라
  은혜를 갚으려고 구슬 눈물 흘리는 것인가
  원수를 무찌르려고 날쌘 창을 뽑았던가
  무장공자*라고 웃지 마오 쌓인 덕이 군자라네.

  온 사지에 사무쳐서 다리가 옥같이 볼통하다
  오늘 밤이 어떤 밤인가 요지*의 잔치에 내가 왔네
  님께서 노래하자 손님도 취해 설렁이네
  황금전 위 백옥상에 한 잔 드세 풍류 지어
  퉁소 소리 쉴새없이 이름난 술 취해 보세
  산귀신 와서 춤을 추고 물고기들도 뛰노누나
  산의 개암과 들의 복령님 생각이 절로 나네.

  그 춤추는 모습을 본 모든 사람들은 웃음을 참지 못했다.

---
* 무장공자(無腸公子) 게의 별칭. 창자가 없다는 뜻.
* 요지(瑤池) 중국 곤륜산에 있다는 못. 선인이 살았다고 함.

이 때 또 한 사람이 자칭 현 선생*이라 하고 꼬리를 끌면서 목을 늘이고 눈을 부릅뜨고 나와서 말했다.

"저는 톱풀 그늘에 숨어 사는 자요, 연잎에 노는 사람입니다. 살아서는 보배요 죽어서도 신령이니 내 마땅히 노래 한 곡조를 불러 천 년에 쌓인 회포를 풀어 보겠습니다."

그는 목을 움츠렸다 뽑았다 하더니 얼마 지나지 않아 조용히 춤을 추는데, 홀로 나아갔다가 물러섰다 하면서 노래 한 곡조를 불렀다.

> 산천에 의지하여 호흡으로 길이 살았네
> 천 년에 열 꼬리 모르는 것 없으리라
> 내 비록 긴 꼬리를 진흙 속에 끌더라도
> 사당에 간직함은 내 소원이 아니어라
> 약 없어도 오래 살고 배운 것 없어도 신령과 통하네.
>
> 성스러운 님을 만나 온갖 상서로움 나타내며
> 겨레의 어른 되어 숨은 이치 연구하고
> 글자 그려 등에 지고 길흉사를 가르쳐 주네
> 슬기가 많다 해도 곤액에는 할 수 없네
> 재능을 믿지 마라 못 미칠 일 있으리라
> 죽음을 면하려니 물고기를 벗삼네
> 발 들고 목을 뽑아 높은 잔치에 내 왔노라
> 님의 조화 축하하려 힘차게도 붓을 뽑아
> 술 드리자 풍류 일어 즐겁기도 끝이 없네.

---

* 현 선생(玄先生) 거북의 별칭.

북을 치고 퉁소 부니 도롱뇽이 춤을 추네
산도깨비 물신령들 빠짐없이 다 모였네
뜰 앞에서 서로 맞아 춤도 추고 뛰놀았네
손목 잡고 재미있게 웃어 즐겁기 그지없네
해 저물고 바람 불어 고기 뛰고 물결 일 때
좋은 때를 항상 얻으랴 내 마음이 슬프구나.

곡조가 끝났으나 황홀한 그 춤들은 이루 형용할 수가 없었다. 이에 모든 사람들은 기쁨을 참지 못했다.

그 뒤를 이어 숲 속의 도깨비와 산에 사는 괴물들이 각기 그 재주를 자랑하여 휘파람을 불고 노래도 부르며 피리도 불고 글도 외우는데, 모양은 서로 같지 않으나 그들의 소리는 한가지였다.
그 노래는 이러하다.

깊은 물에 계신 님은 때때로 날아 하늘 위에 있네
오오, 님이시여! 기나긴 복 천년 만년 누리소서
귀한 손님 맞이하니 얌전하니 신선이네
새 곡조를 노래하니 구슬처럼 구르누나
옥석에 깊이 새겨 길이길이 전하리라
님께서 돌아갈 때 이 잔치를 벌였구나
사랑 노래를 불러 보세 예쁜 춤을 나풀나풀
쇠북 소리 둥덩거리는데 거문고로 화답하네
배 저어라 한 소리에 고래처럼 숨을 쉬네
예식들도 갖췄건만 즐거움이 끝이 없네.

그 다음에는 강하의 군장인 세 손님도 꿇어앉아 각기 시 한 수씩을
지어 올렸다.

첫째 조강신은 이렇게 읊었다.

　　푸른 바다 조종이라 장한 기세 쉼이 없어
　　힘차게 이는 물결 가벼운 배 띄웠구나
　　구름이 흩어진 뒤라 밝은 달이 물에 잠겨
　　밀물이 일려 할 때 건들 바람 섬에 가득하네.

　　따가운 햇빛에 물고기들은 뜰락말락하건마는
　　맑은 물결 해오라기 오며 가며 놀고 있네
　　사나운 파도 속에 시달리던 이 몸인데
　　기쁘도다 오늘 저녁 온갖 근심 다 녹았네.

둘째 낙하신은 이렇게 읊었다.

　　아롱아롱 오색 꽃은 그림자조차 가렸고
　　대그릇과 악기들은 질서 있게 늘어서 있네
　　운모 휘장 두른 곳에서 노랫소리 흘러 나오고
　　수정 주렴 드리운 속에서는 나풀나풀 춤을 추네.

　　성스러운 용왕님은 항상 이 곳에 잠기실까
　　아름답다 귀한 선비 자리 위의 보배일세
　　어찌하면 긴 끈 얻어 지는 해를 잡아매리
　　한봄이라 거듭 취해 놀고 간들 어떠하리.

셋째 벽란신은 이렇게 읊었다.

　　님은 취하시어 높은 상에 기대어 있네
　　부슬부슬 산에 비가 내려 해는 이미 석양일세
　　고운 춤을 나풀나풀 비단 소매 날리네
　　맑은 노래 가늘어서 새긴 들보 안고 도네.

　　외로운 회포 몇 해인가 그윽한 저 섬 속에
　　오늘에야 기쁘게도 백옥잔 잡고 있네
　　광음이 흐르고 흘러 그 뉘라서 아오리까
　　예나 지금 세상일이 속절없이 바쁘기만 하네.

　용왕은 그들의 시를 차례로 읊고 나서 한 선비에게 주었다. 한 선비
는 이 글들을 받아 꿇어앉아 읽은 뒤에 곧 장편시 한 수를 지어 갸륵한
일을 찬미했다.

　　천마산은 높고 높아 떨어지는 폭포 멀리 뿌려
　　바로 솟아 숲을 뚫고 급히 흘러 시내가 되네
　　물 가운데 달 잠기고 그 밑에는 용궁이라
　　신기 변화의 자취를 두고 높이 올라 공을 세워
　　가는 내에는 향기가 일고 상서로운 바람이 부네.

　　상제에게 명령받아 푸른 섬을 보살필 때
　　구름 탄 채 조회하고 말을 달려 비 내리네
　　금궐 위에 잔치 열고 옥계 앞에 풍류 지어
　　이름난 술잔에 운기 뜨고 붉은 이슬 연잎에 맺네.

차림도 무겁지만 예법은 더욱 높네
의관은 빛나고 옥소리 쟁쟁하네
자라가 축수하고 물신령도 모여 있네
조화가 얼마나 황홀한가 숨은 덕이 더욱 깊네
북을 치니 꽃이 피고 술잔 속엔 무지개 이네
천녀는 옥피리를 불고 서왕모는 거문고 타네.

술 한 잔 또 부어라 만세 삼창 하리로다
얼음 같은 과실이요 쟁반 위에는 수정과일세
온갖 진미에 배부르고 깊은 은혜가 뼈에 스며
바닷물을 마신 듯이 봉래산에 구경 온 듯
즐거운 뒤 이별이라 풍류조차 꿈이로다.

이 시를 듣고 탄복하지 않는 이 없었다. 용왕은 한 선비에게 감사의
뜻을 표하고 나서 말했다.

"이 시를 금석에 새겨 영원히 보배로 삼을 것이오."

이에 한 선비는 사례한 뒤에 용왕에게 청했다.

"용궁의 좋은 일들은 잘 보았습니다만 강역의 장한 형세와 번성함도
자유로이 구경할 수 있겠습니까?"

용왕이 말했다.

"그렇게 하시오."

이에 한 선비는 용왕의 허가를 얻어 문 밖에 나오니 다만 오색 구름
이 주위에 둘려 있어 동서를 분간할 수 없었다.

용왕이 부하에게 명하여 그 구름을 걷히게 하니, 한 사람이 뜰에 서
서 입을 찌푸리고 공중을 향하여 한 번 불어 버리니 천지가 갑자기 밝

아지며 산과 바위들은 간데없고 다만 한 넓은 세계에 온갖 화초가 벌여 있고, 평탄한 모래 주위에 금성을 쌓았는데 그 가운데에 푸른 유리 벽돌을 펴 두어 빛이 눈부셨다.

용왕이 두 사람에게 일러, 한 선비를 인도하여 다니다가 한 곳에 이르니 높은 누각 하나가 있는데 그 이름은 조원지루라 하였다.

이 누각은 전체가 수정으로 되어 있고 구슬과 옥으로 꾸민 뒤에 금벽을 칠한 것이었다.

그 위에 올라가니 마치 공중을 밟는 것과 같고 층계는 열 개인데 한 선비가 여덟 번째 층계에 오르려 하자 사자가 말했다.

"여기에서 멈추십시오. 여기는 다만 상감께서 신력으로 오르시는 곳입니다. 저희들도 아직 보지 못했습니다."

이 누각의 위층은 구름 위에 솟아 있어 보통 사람으로서는 도저히 오를 수 없는 곳이었다.

한 선비는 할 수 없이 그만 내려와 또 다른 곳에 이르니, 이 곳은 곧 능허지각이었다.

한 선비는 물었다.

"이 집은 무엇하는 곳인가요?"

사자가 대답했다.

"이 곳은 상감께서 하늘에 조회할 때 모든 행장과 의관을 차리시는 곳입니다."

한 선비는 다시 그 기구를 구경시켜 달라고 청했다. 사자가 인도한 곳에 이르니 어떤 물건이 있는데 그 모양은 둥근 거울과 같고 빛이 번득여 바라보기가 어려웠다.

한 선비는 물었다.

"이것은 무엇이오?"

사자는 대답했다.

"번개를 맡은 전모의 거울입니다."

또 한 물건이 있는데 마치 북처럼 생겼으므로 한 선비가 한 번 쳐 보려 하자 사자는 말했다.

"치지 마십시오. 만일 이 북을 한 번 치면 백 가지 물건이 모두 진동하게 되니, 이것은 천둥을 맡은 뇌공의 북입니다."

또 한 곳에는 목탁과 같은 물건이 있으므로 한 선비가 이것을 흔들어 보려 하자 사자는 말했다.

"이것은 바람을 불게 하는 목탁입니다. 만일 이것을 한 번 흔들면 산의 바위가 무너지고 큰 나무가 뽑힙니다."

또 한 물건이 있는데 모양이 비와 같고 그 옆에는 물을 길어 놓은 항아리가 있었다.

한 선비가 비를 들어 그 물을 뿌려 보려고 했다. 그러나 이 때 사자가 말했다.

"이 비를 한 번 뿌리면 홍수가 나서 천지가 물나라가 될 것입니다."

이에 한 선비가 물었다.

"그러면 어찌해서 여기에는 구름을 불어 내는 기구는 없소?"

사자는 말했다.

"구름이야 상감의 신력으로 되는 것이지 기계로 이루어지는 것이 아닙니다."

"그렇다면 천둥, 번개, 비 같은 것을 맡은 분은 어디 계시오?"

하고 한 선비가 또 묻자 사자가 대답했다.

"옥황상제님께서 그들을 가두어 두었다가 우리 상감께서 나오시면 집합시킵니다."

그 외의 기구도 많았지만 무엇이 무엇인지 일일이 알 길이 없었다. 다만 길이가 긴 건물 하나가 둘려 있는데 문에는 튼튼한 자물쇠가 채워져 있었다.

한 선비가 물었다.

"이것은 무엇이오?"

사자가 말했다.

"저도 자세히는 모르지만 이 곳은 상감께서 칠보를 간직해 두신 곳이라고 합니다."

이에 한 선비는 얼마 동안 구경했으나 다 볼 수가 없기에 그만 돌아가려 했다.

그러나 우람한 문들이 하도 많아 나갈 곳을 알 수가 없어 어쩔 수 없이 사자에게 길을 인도해 달라고 청한 뒤에야 비로소 본래 있던 곳으로 되돌아와 용왕께 감사의 뜻을 표했다.

"대왕의 높으신 은덕으로 속세에서 보지 못하던 선경을 구경했습니다."

이 선비는 곧 두 번 절하고 작별의 인사를 올렸다.

이에 용왕은 산호 쟁반 위에 맑은 구슬 두 알과 빙초 두 필을 담아서 노자에 쓰라고 준 뒤에 문 밖까지 나와서 배웅했다.

이 때 그 세 손님도 함께 하직하고 떠났다.

용왕은 다시 두 사자를 시켜 산을 뚫고 물을 헤치는 기구를 가지고 한 선비를 인도하게 했다. 이 때 사자 한 사람이 한 선비에게 말했다.

"선비님께서는 제 등에 업혀 잠시 눈을 감으십시오."

한 선비는 그의 말대로 하였다.

또 사자 한 사람은 기계를 들고 앞길을 인도하는데 마치 몸이 공중으로 날아가는 것 같고 다만 바람 소리와 물 소리가 끊이지 않을 뿐이었다.

이윽고 그 소리가 그쳐 한 선비가 눈을 떠 보니 자기 집 방에 누워 있었다.

한 선비가 놀라 문 밖으로 나가 보니 하늘에는 별이 드물고 닭은 세

홰나 울어 밤이 이미 오경이나 되었다.

이에 급히 자기 품 속에 손을 넣어 보니 용왕이 준 구슬과 빙초가 들어 있었다.

한 선비는 이것을 대나무 상자에 깊이 간직하고 남에게 보이지 않았다. 그 뒤에 한 선비는 세상의 명리를 마음에 두지 않고 명산으로 들어갔는데, 그가 어떻게 되었는지는 알 수 없었다.

허균

홍길동전

홍길동전

조선 세종 임금 때에 홍아무개라는 재상이 있었다. 대대로 이름난 큰 집안에 태어나서 소년 시절에 과거에 급제한 후 벼슬이 이조 판서에 이르렀다. 충성과 효성을 두루 갖추어 이름이 나라 안에 널리 퍼졌다.

그는 일찍 두 아들을 두었다. 한 아들은 이름이 인형인데, 본처 유씨가 낳았고, 한 아들은 이름이 길동인데, 몸종 춘섬이 낳았다.

이보다 앞서, 홍 공이 길동을 낳을 때 꿈을 꾸었다. 그 꿈에, 문득 요란한 우레와 벼락이 떨어지면서 푸른 용이 수염을 날리면서 공을 향해서 달려들었다. 깜짝 놀라 깨어나 보니, 한낱 꿈이었다. 마음 속으로 매우 기뻐하면서 생각하기를, 내가 이제 용꿈을 꾸었으니 반드시 귀한 자식을 낳을 것이라 생각했다. 공이 바로 안방으로 들어가자 부인 유씨가 일어나 맞이했다. 공이 기쁜 마음으로 그 손을 잡아당겨 바로 정답게 가까이하려고 했다. 그러자 부인이 정색을 하고,

"상공은 체면과 위신을 존중하시는데, 나이 어린 경박한 자의 추잡스런 짓을 하려고 하시옵니까? 저는 응하지 않겠사옵니다."

하고, 손을 뿌리치고는 나가 버렸다.

공이 매우 무안하게 여기면서 분한 마음을 참지 못했다. 사랑으로 나와서 부인의 생각 좁음을 한탄했다.

그 때 마침 몸종인 춘섬이 차를 올리자, 춘섬을 데리고 곁방으로 들어가 바로 정답게 가까이했다. 이 때 춘섬의 나이 열여덟이었다. 한번 몸을 허락한 후에는 문 밖에 나가지 않고, 다른 사람에게 시집갈 뜻이 없음을 알고, 공이 기특하게 여겨 첩을 삼았다.

그 달부터 태기가 있어, 열 달 만에 한 옥동자를 낳았다. 기골이 비범하여 참으로 영웅 호걸의 기상이었다. 공이 한편으로 기뻐하긴 하지만, 부인의 몸에서 태어나지 않은 것을 한탄했다.

길동이 점점 자라나 여덟 살이 되자, 총명이 보통 사람보다 뛰어났다. 한 가지를 들으면 백 가지를 미루어 알았다. 공은 그런 아들을 더욱 더 사랑하고 소중히 여겼다.

하지만 근본이 천한 첩에게서 태어난 자식이어서, 길동이 아버지라고 부르거나 형이라고 부르면, 번번이 꾸짖어 그렇게 부르지 못하게 했다. 그래서 길동은 열 살이 넘도록 감히 아버지를 아버지, 형을 형이라고 부르지 못했다. 그리고 계집종과 사내종들이 천대함을 뼈에 사무치도록 슬퍼하여 마음을 진정하지 못하고 있었다.

구월 보름이 되자, 밝은 달은 환하게 비치고, 맑은 바람은 쓸쓸하여, 사람의 마음 속에 품은 생각을 더 뼈저리게 느끼게 했다. 길동이 서당에서 글을 읽다가 문득 책상을 밀어 놓고 탄식했다.

"대장부가 세상에 태어나 공자와 맹자를 본받지 못할 바에는 차라리 병법을 배워 대장인*을 허리 밑에 비스듬히 차고, 여러 지방을 정벌

---

* 대장인 옛날에 장수가 가지고 있던 도장.

하여 나라에 큰 공을 세우고, 이름을 만 대에 빛냄이 통쾌한 일이다. 나는 어찌하여 한 몸이 외롭고, 아버지와 형이 있으되 아버지를 아버지라 부르지 못하고, 형을 형이라고 부르지 못하니, 심장이 터질 것만 같다. 어찌 한탄스럽지 않겠는가?"

하고, 뜰에 내려가 검술을 익혔다.

그 때 마침 공이 달빛을 구경하다가 길동의 거니는 모습을 보고, 불러다 놓고 물었다.

"너는 무슨 흥이 있어서 밤이 깊도록 잠을 자지 않느냐?"

길동이 공손히 대답했다.

"저는 마침 달빛을 좋아해서 그럽니다. 하늘이 만물을 만들어 내셨으되 오직 사람이 존귀하나, 저에게는 존귀함이 없으니, 어찌 사람이라고 하겠사옵니까?"

공이 그 말뜻을 짐작은 하나, 짐짓 꾸짖어 말했다.

"무슨 말을 그렇게 하느냐?"

길동이 절하고 말했다.

"제가 평생에 서러워하는 것은, 대감의 정기로 당당한 남자로 태어났으므로, 부모님이 낳아 길러 주신 은혜가 깊지만, 그 아버지를 아버지라 부르지 못하고, 그 형을 형이라 부르지 못하니, 어찌 사람이라 하겠사옵니까?"

하고, 눈물을 흘렸다.

공이 듣고 나서, 비록 측은하지만, 만일 그 뜻을 위로하면 마음이 방자해질까 염려해서 크게 꾸짖어,

"재상집 천한 첩의 자식이 너뿐만은 아닌데, 어찌 방자함이 이 같으냐? 이 후로는 다시 그런 말을 하면 눈앞에 용납치 못할 것이다."

하고 말했다. 길동은 감히 말 한 마디 못 하고, 다만 땅에 엎드려 눈물을 흘릴 뿐이었다.

공이 물러가라고 하자, 길동이 잠자리로 돌아와 설워하기를 마지않았다. 길동이 본디 재기가 보통 사람보다 뛰어나고, 생각이 넓어 마음을 진정하지 못하고, 밤이면 잠을 이루지 못했다.

하루는 길동이 어미의 방에 가서 울면서 말하기를,

"저는 어머니와 함께 전생의 연분이 두터워 금생에 모자가 되었으니, 그 은혜가 한이 없습니다. 하지만 저의 팔자가 기박해서 천한 몸이 되었기에 품은 한이 깊습니다. 장부가 세상에 나아가 살 때는 남의 천대를 받으면 안 됩니다. 그러기에 저는 자연히 기운을 억제하지 못해서 어머니 슬하를 떠나려고 합니다. 어머니는 저를 염려하지 마시고 건강에 유의하시어 몸을 잘 보전하시기를 엎드려 바랍니다."

어머니는 길동의 말을 듣고 나더니 깜짝 놀라면서,

"재상집 천한 첩의 자식이 너뿐만은 아닌데, 어찌 너그럽지 못한 마음을 내어 어미의 간장을 태우느냐?"

길동이 대답하기를,

"옛날, 장충의 아들 길산은 천첩 자식이었지만, 열네 살에 그 어머니를 여의고 운봉산에 들어가 도를 닦아 아름다운 이름을 후세에 남겼습니다. 저는 그 사람을 본받아 세상을 벗어나려고 합니다. 어머니는 마음 놓으시고 훗날을 기다리십시오. 요즘 곡산모의 태도를 보니까, 상공의 사랑을 잃을까 해서 우리 모자를 원수같이 알고 있습니다. 큰 화를 입지나 않을까 염려됩니다. 그러니 어머니는 제가 나가는 것을 염려하지 마십시오."

하자, 그 어미도 또한 서러워했다.

곡산모는 본디 곡산 기생으로서 상공의 첩이 되었는데, 이름은 초란이었다. 몹시 교만하고 방자하여, 제 마음에 맞지 않으면 공에게 간악한 말로 헐뜯어 고해 바쳤다. 그래서 집안에 폐단이 수없이 많았다. 그

중에서도, 저에게는 아들이 없고, 춘섬은 길동을 낳아 상공이 늘 귀여워하는 것을 보고 마음 속으로 불만스럽게 여기고 있었다. 그래서 초란은 길동을 없애 버릴 음모를 꾸미기 시작했다.

어느 날, 무당을 불러다 놓고는,

"내 한 몸을 편안하게 하기 위해서는 당장에 길동을 없애 버려야 한다. 만일 내 소원을 이뤄 준다면 그 은혜를 두터이 갚겠다."

하고 말하자, 무당은 듣고 기뻐하면서 대답했다.

"지금, 홍인문 밖에 관상을 아주 잘 보는 여자가 있습니다. 사람의 얼굴을 한 번 보면 과거와 현재와 미래의 길흉을 판단해 줍니다. 그 여자를 불러다가 소원을 자세히 말씀하십시오. 상공께 은밀히 추천해서, 길동을 음해하는 말을 고해 바치게 하면, 상공이 반드시 크게 노하시어 그 아이를 없애려고 하실 겁니다. 그 때를 타서 이러이러하면 어찌 묘책이 아니겠습니까?"

초란이 매우 기뻐하여 은돈 50냥을 주면서 관상쟁이를 불러 오라고 하자 무당이 물러갔다.

이튿날, 공이 안방에 들어와 부인과 함께 길동의 비범함을 칭찬하면서, 다만 천한 첩의 몸에서 태어난 것을 한탄하고 있었다. 그런데 그 때, 문득 한 여자가 들어와 대청 아래에서 문안을 드리는 것이었다.

공이 괴이하게 여기면서 물었다.

"그대는 어떤 여자인데, 무슨 일로 왔느냐?"

그 여자가 대답했다.

"저는 관상 보는 일을 직업으로 삼고 있는데, 우연히 상공의 집에 이르렀사옵니다."

공이 그 말을 듣고, 길동의 장래에 대해서 알고 싶어 바로 길동을 불러다가 보였다. 그러자 관상녀는 이윽히 보다가 놀라면서 말하기를,

"이 공자의 상을 보니, 세상에 둘도 없는 영웅이요 대단한 호걸이옵니다. 다만 태생이 부족할 뿐이고, 다른 염려는 없을 것이옵니다."

하고, 무슨 말을 하려고 하다가 망설이는 걸 보고, 공과 부인이 매우 이상하게 여겨 말했다.

"무슨 말이든지 바른 대로 해라."

관상녀가 마지못해서 좌우를 물리치고 말했다.

"공자의 관상을 보니, 가슴 속에 품은 조화가 무궁하고, 산천의 정기가 영롱합니다. 참으로 왕후의 기상이옵니다. 그래서 어른이 되면 장차 집안이 멸망하는 화를 당할 것이옵니다. 상공께서는 잘 살피옵소서."

공이 듣고 나서 놀라고 의아하게 여겨, 한참 동안 묵묵히 앉았다가

마음을 결정하고 말했다.

"너는 이런 말을 다른 사람에게 하지 마라."

당부하고 약간의 은돈을 주어 보냈다.

그 후로 공은 길동을 산 속의 정자에 머물러 있게 하고, 행동 하나하나를 엄하게 살폈다. 길동은 이런 일을 당하자 더욱더 설움을 이기지 못했다. 하지만 어쩔 수 없이 〈육도 삼략〉*과 천문 지리를 공부했다.

공이 이 일을 알고 크게 근심했다.

"이놈이 본디 재주가 있으니, 만일 제 분수에 넘치는 생각을 한다면 관상녀의 말처럼 될지도 모른다. 이를 장차 어찌한단 말인가?"

이 때, 초란이 무당과 관상녀와 의논하여 공의 마음을 놀라게 하고, 길동을 없애기 위해서 천금을 주고 특재라는 자객을 구했다. 특재에게 앞뒷일을 자세히 일러 주고 나서, 초란이 공께 말하기를,

"요전날 관상녀의 아는 일이 귀신 같은데, 길동의 장래 일을 어떻게 처치하시겠사옵니까? 저도 놀랍고 두렵사옵니다. 일찌감치 화근을 없애 버리는 것이 좋을 것이옵니다."

공이 이 말을 듣고 말하기를,

"이 일은 내 마음 속에 있으니, 너는 번거롭게 굴지 마라."

하고 물리쳤다.

그러나 마음이 어지러워져서 밤이면 잠을 이루지 못하고, 그로 인해서 병이 되었다. 부인과 좌랑 인형이 크게 근심하여 어떻게 할 줄 모르고 있었다. 초란이 곁에 모시고 있다가 말하기를,

"상공의 환후가 무거우심은 길동을 두었기 때문이옵니다. 천박한 소견으로는 길동을 없애면 상공의 병환도 완전히 나을 뿐만 아니라, 집안을 보존하게 될 것인데, 어찌 이를 생각지 않으시옵니까?"

---

* 〈육도 삼략〉 중국 병법의 고전.

부인이 말하기를,

"아무리 그러하나, 천륜이 매우 소중한데, 어떻게 그런 짓을 차마 하겠는가?"

초란이 말하기를,

"들자 하니, 특재라 하는 자객이 있는데, 사람을 죽이는 짓을 손쉽게 한다 하옵니다. 그러니 천금을 주어, 밤에 들어가 해치면, 상공이 아신다 한들 어쩔 도리가 없을 것이옵니다. 부인은 다시 생각해 보옵소서."

부인과 좌랑이 눈물을 흘리면서 말하기를,

"이것은 차마 못 할 짓이로되, 첫째는 나라를 위함이요, 둘째는 상공을 위함이요, 셋째는 홍씨 가문을 보존하기 위함이다. 네 계교대로 하라."

초란이 매우 기뻐했다. 다시 특재를 불러 이 말을 자세히 일러 주고, 오늘 밤에 급히 실행하라고 했다. 그러자 특재는 그렇게 하겠다고 대답하고 나서 밤이 깊어지기를 기다렸다.

길동은 그 원통한 일을 생각하면 잠시도 머물지 못할 일이었다. 하지만 상공의 엄한 명령이 아주 무겁게 내리므로, 어쩔 도리가 없어서 밤이면 잠을 이루지 못했다. 이 날 밤에는 촛불을 밝히고 〈주역〉을 골똘히 읽다가 문득 들으니, 까마귀가 세 번 울고 갔다. 길동이 괴이하게 여겨 혼잣말로 말하기를,

"이 짐승은 본디 밤을 꺼리는 것인데, 이제 울고 가니 매우 불길하구나."

하고, 잠깐 팔괘를 벌여 보고 크게 놀랐다. 길동은 얼른 책상을 물리고 둔갑법을 써서 그 움직임을 살피고 있었다.

새벽 두 시쯤 되었을 때다. 어떤 놈이 비수를 들고 천천히 방문을 열

고 들어왔다. 길동이 급히 몸을 감추고 진언*을 외웠다. 그러자 한바탕의 으스스한 바람이 일어나더니, 집은 온데간데없고, 첩첩한 산 속의 풍경이 매우 아름다웠다.

특재는 크게 놀랐다. 길동의 조화가 신기함을 깨닫고, 비수를 감추어 피하고자 했다. 그런데 문득 길이 끊어지고 층암 절벽이 앞을 가리고 있었다. 그러니 앞으로 나아갈 수도, 뒤로 물러설 수도 없는 궁지에 몰리고 말았다. 이리저리 사방으로 헤매는데, 문득 피리 소리가 들렸다. 정신을 차리고 살펴보았다. 한 어린아이가 나귀를 타고 오면서 피리 불기를 그치고 꾸짖어 말했다.

"너는 무슨 까닭으로 나를 죽이려 하느냐? 죄없는 사람을 해치면 어찌 하늘의 재앙이 내리지 않겠느냐?"

길동이 진언을 외우자, 문득 한바탕의 검은 구름이 일어나면서 큰비가 붓듯이 내리고, 모래와 돌이 날렸다.

특재가 정신을 차리고 살펴보니 길동이었다. 비록 그 재주를 신기하게 여기기는 하나, 어찌 나를 당해 낼 수 있으랴 하고 달려들면서 큰소리로 말하기를,

"너는 죽어도 나를 원망하지 마라. 초란이 무당과 관상녀로 하여금 상공과 의논하고 너를 죽이려 하는 것이다. 그러니 어찌 나를 원망하겠느냐?"

하고, 칼을 들고 달려들었다. 길동이 분한 마음을 참지 못해서, 요술로 특재의 칼을 빼앗아 들고 크게 꾸짖어 말하기를,

"너는 나에게 무슨 원한이 있기에 초란과 마찬가지로 나를 죽이려 했느냐?"

하고 베니, 어찌 가련치 않겠는가?

＊진언　무당 등이 재액을 물리치려고 할 때 외우는 글귀.

이 때, 길동이 사람을 죽이고, 하늘의 변해 가는 이치를 살펴보았다. 은하수는 서쪽으로 기울어지고, 달빛은 희미해서 더욱더 수심에 싸이게 했다.

분한 마음을 참지 못해서, 또 초란을 죽이고자 했다. 그러나 상공이 사랑하시는 여자임을 깨닫고, 칼을 던지고는 딴 곳으로 가서 살기로 작정했다. 그리고 바로 상공의 침소에 가서 작별 인사를 드리려고 했다.

이 때, 상공이 창 밖에서 사람의 발자국 소리가 나는 걸 이상히 여겨 창을 열고 내다보니, 이는 곧 길동이었다. 불러다 놓고 말하기를,

"밤이 깊었는데, 너는 어찌 자지 않고 이렇게 헤매고 다니느냐?"

길동이 땅에 엎드려 대답했다.

"제가 일찍 아버지가 낳으시고 어머니가 기르신 은혜를 만분의 일이나마 갚을까 했습니다. 그런데 집 안에 의리에 어긋나는 짓을 하는 사람이 있어서, 상공께 없는 죄를 있는 것처럼 꾸며서 고해 바치고, 소인을 죽이려 합니다. 간신히 목숨은 보전했으나, 상공을 모실 길이 없어서, 오늘 상공께 작별 인사를 드립니다."

공이 깜짝 놀라면서 말했다.

"너는 무슨 변괴가 있기에 어린아이가 집을 버리고 어디로 가려 하느냐."

길동이 대답했다.

"날이 밝으면 아실 것입니다만, 저의 신세는 뜬구름과 같습니다. 상공께서 버린 자식이 어찌 방향과 장소를 정해 두겠습니까?"

하면서, 두 눈에서 눈물이 흘러내려 말을 하지 못하자, 공이 불쌍히 여겨, 타일러 말하기를,

"내, 너의 품은 한을 짐작한다. 오늘부터 아버지, 형이라고 부름을 허락한다."

길동이 다시 큰절을 하고 말했다.

"저의 한 조각 지극한 한을 아버님께서 풀어 주시니, 죽어도 한이 없습니다. 아버님께서는 만수 무강하시기를 엎드려 비옵니다."

이렇게 말하고 나서 길동은 절하고 작별했다. 공이 붙들지 못하고, 다만 무사하기를 당부했다. 길동이 또 어미의 처소에 가서 이별한다는 말을 하고 나서,

"저는 지금 슬하를 떠납니다. 하지만 다시 모실 날이 있을 것이니, 어머니는 그 때까지 옥체를 소중히 보전하십시오."

춘섬이 이 말을 듣고 무슨 괴이한 일이 있었음을 짐작하였다. 그러나 어린 자식이 작별 인사를 함을 보고, 손을 잡고 통곡하면서 말했다.

"너는 어디 가려 하느냐? 한 집에 있어도 처소가 조금 떨어져서 늘 그리워했는데, 이제 너를 정처 없이 보내고 어찌 잊을 수 있겠느냐? 너는 곧 돌아와 모자가 다시 만나기를 바란다."

길동이 절을 하고 작별 인사를 한 다음 문을 나서는데, 구름 낀 산이 겹겹으로 뻗어 있어 정처 없이 떠나가니, 어찌 가련치 않은가?

한편, 초란은 특재의 소식이 없음을 매우 의아하게 여기고, 일이 어떻게 되어 가는지 알아보게 했다. 그러자 길동은 간 데 없고, 특재의 주검이 방 안에 있다는 말을 들었다. 초란이 몹시 놀라 넋을 잃고 급히 부인에게 알려 주었다. 부인도 또한 크게 놀라, 좌랑을 불러 이 일을 알리고는, 상공에게 알렸다. 공이 몹시 놀라 얼굴빛이 변하면서 말했다.

"길동이 밤에 와서 슬프게 작별하는 모습을 보고 괴이하게 여겼는데, 이런 일이 있어서 그랬구나."

좌랑은 감히 숨길 수 없어서, 초란의 꾸민 일을 사실대로 밝혔다. 그러자 공이 더욱더 분노하여, 초란을 처치하고, 그 시체를 없애 버리라고 이르고는, 사내종더러,

"이런 말을 다른 사람에게 하지 마라."

하고, 당부했다.

한편, 길동은 부모와 이별하고 대문을 나섰다. 한 몸이 정처 없이 떠돌아 다니다가 한 곳에 다다르자 경치가 아주 좋았다. 인가를 찾아 점점 들어갔다. 큰 바위 밑에 돌문이 닫혀 있었다. 가만히 그 문을 열고 들어갔다. 평평하고 드넓은 들판에 수백 호의 인가가 즐비했다. 여러 사람이 잔치를 벌이면서 즐기고 있었다. 도둑의 소굴이었다.

문득 길동을 보고, 그 사람됨이 평범하지 않음을 알고 반가이 맞이한 다음 물었다.

"그대는 어떤 사람이기에 이 곳에 왔는가? 이 곳에는 영웅들이 모여 있으나 아직 우두머리를 정하지 못했으니, 그대가 만일 힘이 있어 참여코자 하거든 저 돌을 들어 보게."

길동이 이 말을 듣고 다행하게 여겼다. 길동은 말하기를,

"나는 한성 홍 판서의 천첩 자식 길동이오. 집안에서 천대를 받지 않으려고 사방 팔방으로 정처 없이 헤매다가 우연히 이 곳에 들어왔소. 그런데 모든 호걸의 동지가 되라고 하니, 감사하기 짝이 없소만, 장부가 어찌 저만한 돌을 들기를 걱정하겠소?"

하고, 그 돌을 들어 수십 걸음을 걸어가다가 던졌다. 그 돌의 무게는 천근이었다. 여러 도둑이 다 같이 칭찬해서 말하기를,

"과연 장사시오. 우리 수천 명 중에 이 돌을 들어올리는 놈이 없었는데, 오늘날 하늘이 도우셔서 장군을 주셨소."

하고, 길동을 윗자리에 앉히고, 술을 차례로 권했다. 그리고 흰 말을 잡아 맹세하면서 언약을 굳게 했다. 여러 사람들이 다 같이 응낙하고 하루 종일 즐겼다. 그 후, 길동이 여러 사람들과 함께 무예를 익히어 몇 달 안에 규율이 갖춰졌다.

어느 날, 여러 사람이 말하기를,

"우리가 오래 전부터 합천 해인사를 덮쳐 그 재물을 빼앗으려 했소. 허나 슬기로운 꾀나 방법이 모자라서 행동을 하지 못했소. 이제, 장

군의 의견은 어떠시오?"

길동이 웃으면서 말하기를,

"내가 장차 군사를 출동시킬 것이니, 그대들은 지휘하는 대로 하라."

하고, 푸른 도포를 입고 검은 띠를 두른 다음 나귀를 타고 종자 몇 명을 데리고 나가면서 말하기를,

"내가 그 절에 가서 움직임을 살펴보고 오겠다."

하고 떠나는 모습을 보니, 분명히 재상집 아들이었다.

그 절에 들어가, 먼저 주지 스님에게 말하기를,

"나는 한성 홍 판서댁 아들이오. 이 절에 와서 글공부를 하려고 하오. 내일 쌀 스무 섬을 보내 주겠소. 그러니 음식을 잘 차려 놓으면 그대들과 함께 먹겠소."

하고, 절 안을 두루 살펴보고 나서, 후일을 기약하고 절의 어귀를 나왔다.

그러자 여러 스님이 기뻐했다. 길동이 돌아와서 쌀 수십 섬을 보내고, 여러 사람을 불러 말하기를,

"내가 아무 날은 그 절에 가서 이리이리할 것이니, 그대들은 뒤를 따라와서 이리이리하라."

했다.

그 날이 오기를 기다렸다가 종자 수십 명을 데리고 해인사에 이르자 스님이 맞아 주어 절 안으로 들어갔다. 길동이 늙은 스님을 불러 묻기를,

"내가 보낸 쌀로 음식을 만드는 데 모자라지 않았소?"

늙은 스님이 말했다.

"어찌 모자라겠습니까? 너무나 황송하옵니다."

길동이 윗자리에 앉고, 여러 스님을 모두 나오라고 해서 각기 상을 받게 했다. 길동이 먼저 술을 마시면서 차례로 권했다. 모든 스님이 황

송하고 감격해했다. 길동이 상을 받아 먹고 있더니, 문득 모래를 가만히 입에 넣고 깨물자 그 소리가 크게 났다. 여러 스님이 듣고 놀라서 사죄하자, 길동이 거짓으로 크게 노하여 꾸짖어 말하기를,

"너희들은 어찌 음식을 이렇게 거칠게 하느냐? 이것은 반드시 나를 업신여겼기 때문이다."

하고, 종자에게 분부하여 여러 스님을 모두 한 줄에 묶어 앉히게 했다. 절 안에 있는 사람들은 두렵고 겁이 나서 어찌할 줄을 모르고 있었다.

잠시 후에 큰 도둑 수백여 명이 일시에 달려들어, 모든 재물을 제 것 가져가듯이 다 가져갔다. 여러 스님은 아무 소리도 못 하고, 다만 소리만 지를 따름이었다.

이 때, 불목하니*가 밖에 나갔다가 이런 일을 보고 바로 관가에 고했다.

합천 군수가 이 보고를 듣고, 바로 관군을 출동시켜 그 도둑을 잡으라 했다. 수백 명의 포졸들이 도둑의 뒤를 쫓아가다가 문득 바라보니, 스님 한 사람이 송낙*을 쓰고 장삼을 입고 산에 올라가 외치기를,

"도적이 저 북쪽 작은 길로 갔소. 빨리 가서 잡으시오."

했다.

관군은 그 절의 스님이 가리키는 줄로 알고 바람같이 북쪽 작은 길로 찾아가다가 잡지 못하고 날이 저문 후에 돌아갔다. 길동이 여러 도둑을 남쪽 큰 길로 보내고, 자기 홀로 스님의 옷차림으로 관군을 속여 무사히 소굴로 돌아온 것이다. 모든 사람이 벌써 재물을 찾아온 터라, 다 같이 나와서 사례했다. 길동이 웃으면서 말하기를,

"장부가 이만한 재주가 없으면 어떻게 여러 사람의 우두머리가 될 수 있겠는가?"

---

* 불목하니 절에서 밥 짓고 물 긷는 일을 하는 사람.
* 송낙 소나무겨우살이로 짚주저리 모양으로 만들어진, 비구니가 쓰는 모자.

했다.

그 후 길동은 스스로 활빈당*이라 이름을 짓고, 조선 8도를 다니면서 각 읍의 수령이 불의로 빼앗은 재물이 있으면 빼앗고, 혹시 아주 가난하고 의지할 데 없는 사람이 있으면 구제해 주었다. 그리고 백성은 조금도 침범치 않고, 나라에 속한 재물은 조금도 빼앗지 않았다. 그러자 여러 도둑이 그 뜻에 항복했다.

어느 날, 길동이 여러 사람을 모아 놓고 의논하기를,

"이제, 함경 감사는 탐관오리가 되어 백성의 재물을 빼앗아 괴롭히는 바람에 백성은 모두 다 견디지 못한다. 우리들이 그냥 놔 두지 못할 것이니, 그대들은 내가 지시하는 대로 하라."

하고, 흩어져 들어가, 아무 날 밤으로 기약을 정하고 남문 밖에 불을 지르게 했다.

감사가 크게 놀라 불을 끄라고 했다. 그러자 관아의 구실아치들이 일시에 우루루 내달아 그 불을 끄려고 했다. 그 틈을 타서 수백 명이나 되는 길동의 도둑 떼가 한꺼번에 성 안으로 달려 들어갔다. 그들은 창고를 열고 돈과 곡식, 무기를 찾아 내어 북문으로 달아났다. 성 안이 요란하여 물 끓듯했다.

감사가 뜻밖의 일을 당해서 어찌할 줄을 모르고 있다가 날이 밝은 후에 살펴보았다. 창고의 무기와 돈과 곡식이 텅 빈 것을 알자, 감사는 크게 놀라 얼굴빛이 파랗게 질리더니, 그 도둑을 잡기에 힘을 썼다.

그 때, 홀연히 북문에 방이 나붙었는데, 아무 날 돈과 곡식을 도둑질한 자는 활빈당 행수 홍길동이라 적혀 있었다. 감사는 이를 보고 그 도둑을 잡으려고 했다.

한편, 길동은 여러 도둑과 함께 돈과 곡식을 많이 훔쳤으나, 행여나

---

* **활빈당(活貧黨)** 탐관 오리나 악독한 벼슬아치의 재물을 빼앗아 가난한 사람을 도와 주었다는 도둑의 무리.

길에서 잡힐까 염려해서 둔갑법과 축지법을 써서 처소로 돌아오자, 날이 새려고 했다.

어느 날, 길동이 여러 사람을 모아 놓고 의논하기를,
"우리가 합천 해인사에 가서 재물을 빼앗고, 함경 감영에 가서 돈과 곡식을 도둑질해서 소문이 많이 퍼졌을 것이다. 그리고 내 이름을 써서 감영에 붙였으니, 오래 가지 않아서 잡히기 쉬울 것이다. 그대들은 내 재주를 보라."
하고, 바로 풀로 허수아비 일곱을 만들어 진언을 외우고 혼백을 붙였다. 그러자 일곱 명의 길동이 일시에 팔을 뽐내어 크게 소리를 지르고, 한 곳에 모여 시끌시끌하게 떠들어 댔다. 그러니 어느 것이 진짜 길동인지 알 수 없었다.

여덟 명의 길동이 8도에 하나씩 흩어지되, 각각 수백여 명씩 사람을 거느리고 다니니, 그 중에 진짜 길동이 어느 곳에 있는지 알 수 없었다. 여덟 명의 길동이 8도에 다니면서 바람을 일어나게 하고 비를 내리게 하는 술법을 행하자, 각 읍의 창고에 있는 곡식을 하룻밤 사이에 자취 없이 가져가고, 서울로 올라오는 봉물*도 틀림없이 빼앗았다.

그렇게 되자, 8도 각 읍이 소란스러워지고, 밤에는 잠을 자지 못했다. 뿐만 아니라, 길에는 나다니는 사람이 없어서, 8도가 어지러워졌다. 감사는 이런 일을 적어 임금님께 올렸는데, 그 내용은 대략 다음과 같았다.

난데없는 홍길동이라는 큰 도둑이 나타나서, 바람과 구름을 일으키고, 각 읍의 재물을 빼앗으며, 올려 보내는 봉물이 올라가지 못하

---

* **봉물(封物)** 시골에서 서울의 벼슬아치에게 선물로 보내는 물건.

여, 난동이 수없이 일어나고 있습니다. 그 도둑을 잡지 못하면 장차 어떤 지경에 이를지 알 수 없을 것입니다. 엎드려 빌건대, 임금님께 서는 좌우의 포도청*으로 하여금 그 도둑을 잡게 하시기 바랍니다.

임금님께서 그 글을 보시고 크게 놀라 포장*을 불러들이는데, 계속 해서 8도에서 보고서가 올라왔다. 계속해서 보시니, 도둑의 이름이 모 두 다 홍길동이라고 적혀 있고, 돈과 곡식을 잃은 날짜를 보시니 한날 한시였다.

임금님께서 크게 놀라 말씀하시기를,

"아무리 신기한 놈인들 어찌 한몸이 8도에서 한날 한시에 도둑질을 할 수 있겠는가? 이놈은 보통 예사로운 도둑이 아니어서 잡기 어려 울 것이니, 좌우 포장이 군사를 내보내어 그 도둑을 잡으라."

하시니, 이 때 우포장 이흡이 아뢰기를,

"신이 비록 재주 없사오나 그 도둑을 잡아 오겠사오니, 전하는 근심 마옵소서. 이제, 좌우 포장이 어찌 다 같이 나가겠사오리까?"

임금님이 옳게 여기시어 급히 출발하라고 재촉하시자, 이흡이 하직 하고 수많은 포졸을 거느리고 출발하되, 각각 흩어져 아무 날 문경에 모이라고 지시했다.

이흡이 포졸 두세 명을 데리고 변복하고 다니다가, 하루는 날이 저물 어 주점을 찾아가 쉬고 있었다. 그런데 문득 한 소년이 나귀를 타고 들 어와 인사를 하기에 포장이 답례를 했다. 그 소년이 문득 한숨을 쉬면 서 말하기를,

"넓은 세상에 임금의 땅이 아닌 곳이 없고, 온 나라 안의 백성이 임금 의 신하 아닌 사람이 없다 하니, 소년이 비록 시골에 살고는 있으나

---

* **포도청**(捕盜聽) 조선 중기 이후, 범죄자를 잡기 위하여 설치한 관청.
* **포장**(捕將) 포도 대장의 준말.

나라를 위해서 근심하는 터입니다."

포장이 묻기를,

"왜 그런 말을 하는가?"

소년이 말하기를,

"이제, 홍길동이란 도둑이 8도로 다니면서 난리를 일으키기 때문에
인심이 흔들리는데도 이놈을 잡아 없애지 못하니, 어찌 분하고 한탄
스럽지 않겠소?"

포장이 이 말을 듣고 말하기를,

"그대는 기골이 장대하고 언어가 충직하니, 나와 함께 그 도둑을 잡
는 게 어떤가?"

소년이 말하기를,

"나는 벌써 잡고자 하나 씩씩한 힘을 가진 사람을 얻지 못했는데, 이제 당신을 만났으니, 어찌 다행이 아니겠소만, 당신의 재주를 알지 못하니 으슥한 곳으로 가서 시험해 봅시다."

하고, 같이 나가더니, 한 곳에 이르러 높은 바위 위에 올라앉으면서 말하기를,

"당신은 두 발로 나를 힘껏 차 내리시오."

하고, 낭떠러지 끝에 가서 앉는 걸 보고, 포장이 생각하기를,

'제아무리 씩씩한 힘이 있다 한들 한 번 차면 제 어찌 떨어지지 않겠는가?'

하고, 평생 기른 힘을 다해서 두 발로 찼다. 그러자 그 소년이 문득 돌아앉으면서 말하기를,

"당신은 참으로 장사시오. 내가 여러 사람을 시험해 봤으나 나를 움직이는 사람이 없었는데, 당신에게 차이니 오장이 울리는 듯하오. 당신은 나를 따라오면 길동을 잡을 것이오."

포장이 생각하기를,

'나도 힘깨나 자랑해 왔는데, 오늘 저 소년의 힘을 보니 어찌 놀라지 않을 수 있겠는가? 그러나 이왕 이 곳까지 왔으니, 설마 저 소년 혼자 간다 할지라도 길동 잡는 일을 걱정할 필요가 있겠는가?'

하고, 따라가는데, 문득 그 소년이 돌아서서 말하기를,

"이 곳이 길동의 소굴이오. 내가 먼저 들어가 알아볼 테니까 당신은 여기서 기다리시오."

포장이 마음 속으로 의아하게 여기기는 했으나, 빨리 잡아오라고 당부하고 앉아 있었다.

잠시 후에 느닷없이 산골짜기에서 수십 명의 군졸이 요란스럽게 소리를 지르면서 내려왔다. 포장이 크게 놀라 피하려고 하는데, 점점 가

까이 와서 포장을 결박해 놓고 꾸짖기를,

　"네가 포도 대장 이흡이냐? 우리들이 저승왕의 명령을 받고 너를 잡
　으러 왔다."

하고, 쇠줄로 목을 옭아 바람처럼 몰고 갔다.

　그러자 포장은 어찌나 놀랐는지 넋을 잃고 어떻게 된 영문인지를 몰
랐다.

　한 곳에 이르러 소리를 지르면서 꿇어앉히기에 포장이 정신을 차려
쳐다보니, 궁궐이 넓고 큰데, 수없는 황건 역사*가 좌우에 죽 늘어서 있
고, 궁전 위의 한 군왕이 널찍한 평상에 앉아 성난 큰 목소리로 말하기
를,

---

* 황건 역사　힘 센 신장(神將)의 이름.

"하잘것없는 네가 어찌 홍 장군을 잡으려고 하느냐? 그런 까닭에 너를 잡아 풍도 섬*에 가두겠다."

포장이 겨우 정신을 차려 말하기를,

"저는 인간 세상의 지위가 변변치 못한 사람입니다. 아무 죄도 없이 잡혀 왔으니, 살려 보내시기 바라옵니다."

하고, 애걸했다. 그 순간, 궁전 위에서 웃음소리가 나더니 꾸짖기를,

"이 사람아, 나를 자세히 보라. 나는 곧 활빈당 행수 홍길동이다. 그대가 나를 잡으려고 하기 때문에, 그 힘과 뜻을 알아보려고, 어제 내가 푸른 도포를 입은 소년으로 둔갑하여 그대를 유인해서, 이 곳에 와서 나의 위엄을 보여 준 것이다."

하더니, 좌우의 부하에게 명령하여 결박한 쇠줄을 끌러 대청에 앉히고 술을 내다가 권하면서 말하기를,

"그대는 부질없이 다니지 말고 빨리 돌아가되, 나를 보았다고 하면 반드시 처벌을 받을 것이다. 그러니 부디 그런 말은 하지 마라."

하고, 다시 술을 부어 권하고 나서 좌우에게 명하여 내보내라고 했다.

포장이 생각하기를, 이것이 꿈인가 생시인가, 어찌하여 이 곳에 왔는가? 길동의 조화를 신기하게 여기면서 일어나 가려고 하는데, 갑자기 손발을 움직일 수 없었다. 이상하게 여기면서 정신을 진정하여 살펴보니, 가죽 자루 속에 들어 있지 않은가? 간신히 그 속에서 빠져나와 보니, 자루 셋이 나무에 걸려 있기에 차례로 끌러서 내어 보니, 처음 떠날 때 데리고 왔던 포졸들이었다. 서로 말하기를,

"이게 도대체 어떻게 된 일인가? 우리가 떠날 때 문경에서 모이자고 했는데, 어찌 이 곳에 왔는가?"

하고, 두루 살펴보니, 다른 곳이 아니요 한성 북악산이었다. 네 사람이

---

*풍도 섬 지옥.

어이없어 한성을 굽어보면서 포졸더러 말하기를,

"너희는 어째서 이 곳에 왔느냐?"

세 사람이 말하기를,

"저희들은 술집에서 자고 있었는데, 갑자기 바람과 구름에 휩싸여 이 곳으로 왔습니다. 그래서 어떻게 된 노릇인지 알지 못합니다."

포장이 말하기를,

"이 일이 허무맹랑하니, 남에게 말하지 마라. 그러나 길동의 재주는 헤아릴 수 없으니, 어찌 사람의 힘으로 잡을 수 있겠느냐? 우리들이 이제 그냥 돌아가면 필경에는 죄를 면치 못할 것이다. 그러니 아직도 몇 달이 남았으니 좀더 기다렸다가 들어가자."

하고, 내려왔다.

이 때, 임금님이 8도에 명을 내려 길동을 잡으라고 하셨다.

그러나 길동의 재주는 이루 헤아릴 수 없었다. 길동은 한성의 한길로 혹은 수레를 타고 다니기도 하고, 혹은 각 읍에 노문*을 보내 놓고 쌍가마를 타고 다니기도 했다.

뿐만 아니라, 암행 어사의 모습을 하고 다니다가 각 읍 수령 중에서 탐관오리를 만나면 먼저 목을 베어 죽이고 나중에 장계*를 올리되, 가짜 암행 어사 홍길동의 장계라고 했다.

그러자 임금님이 더욱더 심하게 노하여,

"이놈이 각 도에 다니면서 이런 난리를 일으키되 아무도 잡지 못하니, 이를 장차 어떻게 한단 말인가?"

하시고, 삼공 육경*을 모아 놓고 의논하시는데, 계속해서 장계가 올라왔다. 모두가 8도의 홍길동이 난리를 일으키고 있다는 보고서였다. 임금님

---

* 노문(路文) 벼슬아치가 지방에 출장을 갈 때 일정표와 규모 등을 미리 알리던 문서.
* 장계(狀啓) 감사 또는 지방에 파견된 관원이 임금에게 올리는 보고.
* 삼공 육경(三公六卿) 모든 높은 벼슬아치.

이 차례로 보시고 근심하시면서 좌우를 돌아보시고 묻기를,

"이놈이 아마도 사람은 아니고 귀신이 하는 짓일 것이니, 조정의 신하 중에서 누가 그 근본을 짐작할 것인가?"

한 사람이 앞으로 나아와 여쭙기를,

"홍길동은 이전의 이조 판서 홍아무개 서자요, 병조 좌랑 홍인형의 서모에게서 난 아우이니, 이제 그 부자를 잡아다가 친히 물어 보시면 아실 것입니다."

임금님께서 더욱더 노하시어 말씀하시기를,

"이런 말을 어찌 이제야 하느냐?"

하시고, 즉시 홍아무개는 의금부에 잡아 가두고, 먼저 인형을 잡아들여 친히 신문하시었다. 임금님이 매우 노하시어 말씀하시기를,

"길동이란 도적이 네 서모에게서 난 아우라 하니, 어찌 못된 짓을 못 하도록 단속하지 않고 그냥 놔 두어 국가의 큰 우환이 되게 했느냐? 네, 만일 잡아들이지 않으면, 네 부자의 충효를 돌아보지 않을 것이니, 빨리 잡아들여 나라의 큰 변란을 없게 하라."

인형이 황공하여 관을 벗고 이마가 땅에 닿도록 조아려 아뢰기를,

"신의 천한 아우가 있는데, 일찍 사람을 죽이고 달아난 지 몇 년이 되어 그 생사 존망을 알지 못합니다. 신의 늙은 아비는 이로 말미암아 신병이 무거워 목숨이 언제 끊어질지 알 수 없던 중 길동의 괘씸하고 못된 짓으로 임금님께 근심을 끼쳤으니, 신의 죄는 만 번 죽어도 아깝지 않습니다. 엎드려 바라건대, 전하께서는 자비로운 은덕을 베푸시어, 신의 아비 죄를 용서하시고 집에 돌아가 병을 치료케 하시면, 신이 죽기로써 길동을 잡아 신의 부자의 죄를 씻을까 하옵니다."

임금님이 다 듣고 나서 감동한 나머지 바로 홍아무개를 사면해 주시고, 인형을 경상 감사로 임명하시고 말씀하시기를,

"그대가 감사라는 벼슬자리가 없으면 길동을 잡지 못할 것이다. 일 년 기한을 정하여 줄 것이니, 곧 잡아들이라."

하셨다. 인형이 은혜에 감사하고 나서 물러났다. 인형은 바로 그 날 출발하여 감영에 부임하자마자 각 읍에 방을 붙였다. 그것은 길동을 달래는 방이었다. 거기에 쓰기를,

사람이 세상에 태어나면 오륜이 으뜸이요, 오륜이 있으므로 인의 예지가 분명해지거늘, 이를 알지 못하고 아비와 임금의 명령을 거슬러 충효에 어그러지는 짓을 하면, 어찌 세상에서 용납해 줄 것인가? 아우 길동은 이런 일을 알 것이니, 스스로 형을 찾아와 사로잡히라.

부친이 너로 말미암아 병이 깊이 드시고, 임금님께서 크게 근심하시니, 네 죄악이 가득 찼다. 그러므로 나를 특별히 감사에 임명하시어 너를 잡아들이라 하셨다. 만일 잡지 못하면 우리 홍씨 가문의 여러 대에 걸친 맑은 덕행은 하루 아침에 없어질 것이니, 어찌 슬프지 않겠는가? 바라거니와, 아우 길동은 이를 생각하여 일찍 자수하면 너의 죄도 가벼워질 것이요, 집안을 보존할 수 있을 것이다. 너는 만 번 생각하여 자수하라.

고 되어 있었다.

감사는 이 방을 각 읍에 붙이고 나서 공적인 일은 일체 보지 않고, 오직 길동이 자수하기만을 기다리고 있었다.

어느 날, 한 소년이 나귀를 타고 하인 몇 명을 거느리고 감영의 문 밖

에 와서 뵙기를 청한다고 하기에, 감사가 들어오라고 했다. 그 소년이 대청 위에 올라와 절을 하는데, 감사가 눈을 들어 자세히 살펴보니, 애타게 기다리던 길동이었다. 크게 놀라고 크게 기뻐하여, 좌우에 있는 사람을 물리친 다음, 그 손을 잡고 눈물을 흘리고 목메어 울면서 말하기를,

"길동아, 네가 한 번 문을 나간 후로 생사 존망을 알지 못해서 부친께서는 병이 깊이 드셨는데, 너는 날이 갈수록 불효한 짓을 할 뿐만 아니라, 나라에 큰 근심이 되게 하니, 너는 무슨 마음으로 불충 불효한 짓을 하며, 또한 도적이 되어 세상에 피할 수 없는 죄를 범하느냐? 이런 탓으로 임금님께서 매우 노하시어, 나로 하여금 너를 잡아들이라 하시니, 이는 피할 수 없는 죄다. 너는 일찍 서울로 올라가서 임금님의 명을 순순히 받아라."

하고, 말을 마치고 나더니, 눈물이 비 오듯 쏟아졌다.

길동이 머리를 숙이고 말하기를,

"제가 이 지경에 이른 까닭은 아버지와 형의 위태함을 구하기 위해서였으니, 어찌 다른 말이 있겠습니까? 도대체 대감께서 애당초에 천한 길동을 위하여 아버지를 아버지라 부르게 하고 형을 형이라고 부르게 했던들 어찌 이 지경에 이르겠습니까? 지난 일은 말해 봐야 쓸데없거니와, 이제 이 아우를 결박하여 서울로 올려 보내시오."

하고, 다시는 말이 없었다.

감사가 이 말을 듣고, 한편으로는 슬퍼하고 한편으로는 장계를 써서 올려 보냈다. 그리고 길동의 목에는 칼을 씌우고 발에는 차꼬를 채워 죄인을 실어 나르는 수레에 실은 다음, 건장한 장교 10여 명을 뽑아 호송하게 하되, 밤낮으로 보통 사람보다도 배나 더 길을 걷게 했다.

그러자 각 읍의 백성들이 길동의 재주를 들었는지라, 잡아 온다는 말을 듣고 길이 꽉 차도록 나와서 구경했다.

그런데 이 때, 8도에서 다 같이 길동을 잡아 올렸다. 그러자 조정과 한성 백성이 당황하면서 어찌할 바를 모를 뿐더러, 누가 진짜 길동인지 알 사람이 없었다.

임금님이 놀라시어 모든 신하를 모으시고 친히 신문하시는데, 여덟 길동을 잡아 올리니, 저희가 서로 다투어 말하기를 네가 진짜 길동이요 나는 아니라고 하면서 서로 싸웠다. 그래서 어느 놈이 진짜 길동인지 분간치 못했다.

임금님이 괴이하게 여겨 바로 홍아무개를 불러들여 말씀하시기를,

"자식을 아는 사람은 아비만한 사람이 없다고 하니, 저 여덟 사람 중에서 경의 아들을 찾아 내라."

홍 공은 황공하여 머리가 땅에 닿도록 숙이고 벌을 내리기를 청하면서 말하기를,

"신의 천생 길동은 왼쪽 다리에 붉은 점이 있으니, 그것이 있는지 없는지 검사해 보면 알 수 있을 것이옵니다."

하고, 여덟 길동을 꾸짖어 말하기를,

"네 바로 앞에 임금님이 계시고, 아래로 네 아비 있거늘, 이렇듯 천고에 없는 죄를 지었으니 죽기를 아끼지 마라."

하고, 피를 토하면서 엎드려져 기절했다.

임금님이 크게 놀라 의원으로 하여금 살려 내라 했지만 차도가 없었다.

그 때, 여덟 길동이 이 광경을 보고, 일시에 눈물을 흘리면서 주머니 속에서 환약 한 알씩을 꺼내어 입 속에 넣어 드리자, 홍 공이 한참 후에 정신을 차렸다.

길동들이 임금님께 여쭙기를,

"신의 아비가 나라의 은혜를 많이 입었으니, 어찌 감히 괘씸한 짓을 하겠습니까마는, 신은 본디 천한 첩이 낳은 자식이어서, 그 아비를

아비라 부르지 못하고 그 형을 형이라 부르지 못해서, 평생 동안 한이 맺혔기 때문에 집을 버리고 도둑의 무리 속에 끼여들었습니다. 그러나 백성에게는 눈곱만큼도 해를 끼치지 않았고, 각 읍 수령들이 백성들을 괴롭히면서 빼앗아 모아 놓은 재물을 탈취했습니다. 하지만 앞으로 10년이 지나면 조선을 떠나서 갈 곳이 있으니, 엎드려 빌건대, 임금님께서는 근심하지 마시고 신을 잡는 명을 거두어 주십시오."

하고 말을 마치더니, 여덟 길동이 동시에 넘어졌다. 자세히 살펴보니, 모두 다 허수아비였다. 임금님이 더욱더 놀라시면서 진짜 길동을 잡으라는 명을 다시 8도에 내려보내셨다.

한편, 길동은 허수아비를 없애고 두루 다니다가 사대문에 방을 붙였다. 거기에는,

요사스러운 신하 홍길동은 아무리 애를 써도 잡지 못할 것이니, 병조 판서에 임명한다는 어명을 내리시면 잡힐 것이옵니다.

라고 되어 있었다.

임금님께서 그 방을 보시고, 조정의 신하를 모아 놓고 의논하자, 여러 신하가 말했다.

"이제 그 도둑을 잡으려 하다가 잡지 못하고 도리어 병조 판서 벼슬을 내리셨다는 말을 이웃 나라에 들어가게 할 수는 없습니다."

임금님이 옳다고 생각하시고, 경상 감사에게 길동을 잡으라고 재촉하기만 하셨다. 그 때, 경상 감사가 임금의 엄중한 분부를 보고 황공하고 송구하여 어찌할 바를 모르고 있는데, 하루는 길동이 공중에서 내려와 절을 하고 말하기를,

"지금은 진짜 길동이니, 형님은 아무 염려 마시고 이 아우를 결박해서 서울로 보내시오."

감사가 이 말을 듣고 눈물을 흘리면서,

"이 터무니없는 사람아. 너도 나와 동기간이거늘 부형의 교훈을 듣지 않고 한 나라를 소동이 일어나게 하니, 어찌 애닯지 않겠는가? 네가 이제 진짜 몸이 와서 나더러 잡혀 가기를 스스로 원하니, 도리어 기특하구나."

하고, 급히 길동의 왼쪽 다리를 보았다. 과연 붉은 점이 있었다. 즉시 손과 발을 단단히 묶어, 죄인을 실어 나르는 수레에 넣고, 건장한 장교 수십 명을 가려 내어 철통같이 둘러싸고 바람같이 몰아갔다. 하지만 길동의 얼굴빛은 조금도 변하지 않았다.

여러 날 만에 서울에 다다랐다. 그런데 길동이 한 번 몸을 요동치자 쇠줄이 끊어지고 수레가 깨져서, 마치 매미가 허물을 벗듯 공중으로 솟아올라 훌쩍 구름과 안개 속으로 묻혀 갔다.

장교와 여러 군졸들은 하도 어이가 없어 공중을 바라본 채 넋을 잃고 있을 따름이었다. 어찌할 수 없어서, 이런 연유를 적어 임금님께 아뢰자, 임금님이 들으시고 말씀하시기를,

"세상에 이런 일이 어디 있겠는가?"

하시고 크게 근심하셨다.

그러자 여러 신하 중에서 한 사람이 여쭈기를,

"그 길동의 소원이 병조 판서를 한 번 지내고 조선을 떠날 것이라 하니, 한번 제 소원을 풀게 되면 스스로 은혜에 감사하기 위해서 찾아올 것입니다. 그러면 그 때를 타서 잡는 것이 좋을까 합니다."

임금님이 옳게 여기시어, 바로 홍길동에게 병조 판서 벼슬을 내리시고 사대문에 방을 붙였다.

그 때, 길동은 이 말을 듣고, 즉시 사모 관대를 갖추고, 높은 초헌*을

의젓하게 높이 타고, 큰 길거리에 들어오면서,

　"이제 홍 판서가 사은하러 온다."

고 하자, 병조에 딸린 구실아치들이 맞아들여 호위해서 대궐 안으로 들어갔다.

　그 때, 여러 벼슬아치들이 모여 의논하기를,

　"길동이 오늘 사은하러 나올 것이니, 도부수*를 매복시켰다가 길동이 나오거든 일시에 쳐 죽이라."

하고 약속을 정했다.

　길동이 대궐 안에 들어가 절을 하고 여쭈기를,

　"소신의 죄악이 지극히 무거운데, 도리어 임금님의 은혜를 입어 평생의 한을 풀고 돌아갑니다만, 전하와는 영원히 이별합니다. 성상께서는 부디 만수 무강하시기를 엎드려 바랍니다."

하고, 말을 마치자마자 몸을 공중으로 솟구쳐 구름에 싸여 갔는데, 그가 어디로 갔는지 알 수 없었다.

　임금님이 보시고 도리어 한숨지어 탄식하기를,

　"길동의 신기한 재주는 예나 지금이나 보기 드물구나. 제가 조선을 떠난다고 했으니, 다시는 폐단을 일으키는 일은 없을 것이다. 비록 보통 사람과는 다르기는 하지만, 장부의 시원스럽고 서글서글한 마음이 있으므로 염려할 필요는 없을 것이다."

하시고, 8도에 죄를 용서한다는 글을 보내어 길동 잡는 일을 거두셨다.

　길동은 제 소굴로 돌아와 여러 도둑에게 분부하기를,

　"내가 다녀올 곳이 있어서 떠나니, 너희들은 아무 데도 출입하지 말고 내가 돌아오기를 기다려라."

하고, 바로 몸을 솟구쳐 중국 남경으로 향해서 길을 떠났다.

＊ 초헌　조선 시대 종 2품 이상의 벼슬아치가 타던 수레.
＊ 도부수　큰 칼과 큰 도끼를 쓰던 군사.

한참 가다가 어느 곳에 이르렀다. 그 곳은 이른바 율도국*이었다. 사면을 살펴보니, 산천이 맑고 빼어나며, 인물이 번성하여 가히 편안하게 살 수 있는 곳이라 생각하고, 남경에 들어가 구경했다. 그리고 저도라는 섬 안으로 들어가 두루 다니면서 산천도 구경하고 인심도 살피고 다녔다. 오봉산에 이르러 보니, 참으로 제일 강산이어서 주위가 7백 리요, 기름진 들과 논이 가득하여 살기에 틀림없이 좋은 곳이었다. 마음 속으로 생각하기를, 내가 이미 조선을 떠났으니, 이 곳에 와서 살고 있다가 훗날 큰 일을 꾀해야겠다고 생각하고, 바람처럼 가벼이 소굴로 돌아와서 여러 사람에게 말했다.

"그대는 아무 날 양천 강변에 가서 배를 많이 만들고, 아무 날에 한성 한강에 가서 명령이 떨어지기를 기다려라. 내 임금님께 청하여, 깨끗한 쌀 1천 섬을 얻어 올 것이니, 기약을 어기지 마라."

한편, 홍 공은 길동의 난동이 없어졌으므로 병이 완전히 나았고, 임금님 또한 근심 없이 지냈다. 그 때, 가을 9월 보름에 임금님이 달빛을 구경하면서 후원을 거니는데, 문득 한바탕의 맑은 바람이 일어나더니, 공중에서 옥피리 소리가 아름답게 울리는 가운데 한 소년이 내려와서 임금님께 땅에 엎드려 절을 했다. 임금님이 놀라면서 묻기를,

"선동이 어찌 인간 세상에 내려오며, 무슨 말을 하고자 하느냐?"
소년이 땅에 엎드려 여쭙기를,
"신은 이전의 병조 판서 홍길동입니다."
임금님이 놀라면서 물었다.
"네 어찌 깊은 밤에 왔느냐?"
길동이 대답하기를,

---

* 율도국(聿島國) 지은이가 상상해서 꾸며 낸 이상적인 섬.

"신이 전하를 받들어 만세를 모실까 했으나, 천한 첩의 자식이어서 글로는 옥당에 오를 수 없고, 무예로는 높은 벼슬아치가 될 수 없습니다. 그러므로 사방을 거리낌없이 돌아다니면서 놀다가, 관청에 폐를 끼치고 조정에 죄를 지은 까닭은, 전하께서 저를 아시게 하기 위한 것이었는데, 신의 소원을 들어 주셨으니, 전하를 하직하고 조선을 떠나가겠습니다. 전하께서는 만수 무강하시기를 엎드려 비옵니다."

하고 공중으로 솟아올라 바람같이 사라졌다. 임금님이 그 재주를 못내 칭찬하셨다. 그 후로는 길동의 폐단이 없으므로 사방이 태평했다.

길동이 조선을 하직하고 남경 땅 저도로 들어가 수천 호 집을 짓고 농업에 힘을 기울였다. 그리고 재주를 배워 무기고를 짓고, 군사 훈련을 시키자 병사는 날래고 용맹스러우며 양식은 넉넉해졌다.

어느 날, 길동이 화살촉에 바를 약초를 얻으러 망탕산*으로 가다가 낙천 땅에 이르렀다. 그 곳에는 백룡이라는 부자가 일찍이 딸 하나를 두었는데, 재질이 비상하여 부모가 사랑하고 소중히 여기고 있었다. 그런데 하루는 바람이 크게 일어나더니, 딸이 온데간데없어지고 말았다. 백룡 부부는 슬퍼하면서 천금을 뿌려 사방으로 찾아보았으나 자취가 없었다. 부부는 슬퍼하면서 말을 퍼뜨리기를,

"누구든지 내 딸을 찾아 주면 재산의 절반을 나누어 주고 사위를 삼겠다."

했다.

길동은 그 말을 듣고 마음 속으로 측은하게 여기기는 했으나 어찌할 도리가 없어서 망탕산에 가서 약초를 캤다. 약초를 캐면서 점점 깊이 들어가다가 날이 저물어서 더 들어가지 못하고 망설이고 있었다.

그런데 문득 사람의 말 소리가 나면서 등불이 밝게 비쳤다. 그 곳을

---
* 망탕산 중국 안후이 성에 있는 산.

찾아가니까, 괴물이 앉아 지절거리고 있었다. 원래 이 짐승은 울동이라는 짐승인데, 여러 해 묵어서 변화가 무궁했다.

길동이 몸을 감추고 활을 쏘자, 그 짐승들의 우두머리가 맞았다. 모두 소리를 지르고 달아났다. 길동은 나무에 의지하여 밤을 지내고, 도로 약초를 캐고 있는데, 문득 괴물 두세 명이 길동을 보고 묻기를,

"자네는 무슨 일로 이 깊은 곳에 왔는가?"

길동이 대답하기를,

"나는 의술을 알기 때문에 이 산에 들어와 약초를 캐고 있는 중일세. 자네들을 만나 다행일세."

그 괴물들이 크게 기뻐하면서 말하기를,

"나는 이 곳에서 산 지가 오래 되었는데, 우리 왕이 부인을 새로 정하고 어젯밤에 잔치를 벌이다가 천살*을 맞아 위중하네. 자네가 명의라 하니, 좋은 약으로 왕의 병을 고치면 상을 후하게 줄 걸세."

했다. 길동이 생각하기를,

'이놈이 어젯밤에 다친 놈이로구나.'

하고, 그리하기를 허락했다.

그 괴물들이 길동을 안내하여 문 앞에 세워 두고 들어가더니, 잠시 후에 들어오라고 했다. 길동이 들어가서 보니까, 단청을 한 누각이 넓고 화려한데, 그 한가운데에 흉악한 것이 누워서 신음하다가, 길동을 보고 몸을 꿈지럭거리면서 말했다.

"내가 우연히 천살을 맞아 위태로운 중인데, 몸종의 말을 듣고 그대를 청했으니, 이는 하늘이 나를 살리신 것이다. 그대는 재주를 아끼지 마라."

길동이 고맙다고 말하고 나서,

---

* 천살 하늘이 내린 악한 기운.

"먼저 내복약을 쓰고, 다음에 외복약을 쓰는 것이 좋을 것입니다."

하자, 그 우두머리가 응낙하므로, 길동이 약주머니 속에서 독약을 꺼내어 급히 뜨뜻한 물에 풀어 먹였다. 그랬더니 잠시 후에 꽥 소리를 지르고 죽었다. 그러자 모든 괴물들이 일시에 달려들었다. 길동은 신통술을 부려 모든 괴물을 물리쳤다. 그러자 문득 두 소녀가 애걸하면서 말하기를,

"저희는 괴물이 아니고 인간 세상의 사람이에요. 잡혀서 왔으니, 남은 목숨을 구하여 세상으로 나가게 해 주세요."

길동이 백룡의 일을 생각하고, 어디 사느냐고 묻자, 하나는 백룡의 딸이요, 하나는 조철의 딸이었다. 길동이 괴물을 모두 죽여 버리고 두 여자에게 각각 제 부모를 찾아 주었다.

그 부모는 매우 기뻐하더니, 바로 그 날 안으로 길동을 맞아 사위를 삼았다. 첫째는 백 소저요, 둘째는 조 소저였다. 길동이 하루 아침에 두 아내를 얻고, 두 집의 가족을 거느리고 저도로 가자, 모든 사람이 반가이 맞이하면서 축하해 주었다. 어느 날, 길동이 천문을 보다가 놀라면서 눈물을 흘렸다. 여러 사람이 묻기를,

"무슨 까닭으로 슬퍼하시오?"

길동이 탄식하면서 말하기를,

"내가 하늘의 별을 보고 부모의 안부를 짐작해 왔는데, 일월 성신이 돌아가는 하늘의 현상을 보니, 부모님 환후가 무겁네. 내 몸이 먼 곳에 있어서 이르지 못할까 염려되네."

하자, 여러 사람이 슬퍼했다.

이튿날, 길동은 월봉산으로 들어가 산소를 쓸 만한 널찍한 땅을 얻어 무덤 만드는 일을 시작했다. 사람들에게는 석물을 나라의 능처럼 꾸미고, 큰 배 한 척을 준비해서 조선국 서강 강변에 대 놓고 명령을 기다리라고 했다. 그리고 바로 머리를 깎고 스님 차림을 한 다음, 조그마한 배 한 척을 타고 조선으로 향했다.

한편, 홍 판서가 홀연히 병을 얻어 위중해지자, 부인과 인형을 불러다 놓고 말하기를,

"내가 이제 죽어도 한이 없으되, 길동의 생사를 알지 못하니 한스럽구나. 제가 살아 있으면 찾아올 것이니, 정실이 낳은 아들과 첩이 낳은 아들을 차별하지 말고 제 어미를 대접해 줘라."

하고 명이 끊어졌다. 온 식구가 슬픔에 잠겨 상을 치르는데, 산소 자리를 얻지 못해서 딱한 처지가 되었다.

그런데 하루는 문지기가 말하기를,

"어떤 스님이 와서 영위께 조문하려고 합니다."

했다. 이상히 여기면서 들어오라고 하자, 그 스님이 들어와 목을 놓아 울었다. 여러 사람이 곡절을 몰라서 서로 얼굴만 멀뚱멀뚱 바라보고 있었다. 그 스님이 상주에게 한바탕 통곡한 후 말하기를,

"형님이 어찌 아우를 몰라보십니까?"

하자, 상주가 자세히 보니 바로 길동이었다. 형이 아우를 붙들고 통곡한 다음 말하기를,

"아우야, 그 동안 어디 갔었느냐? 아버님이 생시에 유언하심이 간절하셨으니, 어찌 사람의 자식이 할 도리겠느냐?"

하고, 손을 이끌고 안방으로 들어가 큰어머니를 뵙고 춘섬을 찾아뵙자, 춘섬이 한바탕 통곡한 후 묻기를,

"네가 어찌 스님이 되어 다니느냐?"

길동이 대답했다.

"제가 조선을 떠나 머리 깎고 중이 되어 지술*을 배웠습니다. 이제, 아버님을 위해서 묘를 쓸 좋은 터를 얻었으니, 어머님은 걱정하지 마십시오."

＊ **지술**(地術) 풍수설에 근거하여 지리를 보아서 묏자리, 집터 등을 알아내는 술법.

인형이 크게 기뻐하면서 말하기를,

"네 재주가 기이한지라, 길한 땅을 얻었으면 무슨 염려가 있겠느냐?"

하고, 이튿날 널을 옮겨 제 모친을 모시고 서강 강변에 이르자, 길동이 지시한 대로 배가 기다리고 있었다.

배에 오르자, 배는 살같이 저어 한 곳에 다다르니, 여러 사람이 수십 척의 배를 대 놓고 기다리고 있었다. 서로 반가이 맞으면서 호위하여 가니 거룩하게 보였다. 어느덧 산 위에 올라가 인형이 주위를 살펴보니, 산세가 웅장함을 보고, 길동의 지식에 못내 탄복했다.

무덤 만드는 일을 마치고 나서 다 같이 길동의 처소로 돌아왔다. 그러자 백씨와 조씨가 시어머니와 시아주버니를 맞아 인사했다. 그리고 인형과 춘섬이 길동의 지식에 못내 탄복했다.

여러 날이 지나자, 인형이 길동과 춘섬을 이별하면서 산소를 극진히 모시라고 당부한 후 산소에 가서 하직 인사를 올리고 떠났다. 본국에 돌아가서 모친을 뵌 후 전후 이야기를 하자, 부인이 신기하게 여겼다.

한편, 길동은 제사를 극진히 받들어 삼년상을 마쳤으므로, 모든 영웅을 모아 무예를 익히며 농업에 힘썼다. 병사는 날래고 용맹스러우며 양식은 넉넉했다. 남쪽 지방에 율도국이라는 나라가 있는데, 기름진 들판이 수천 리나 되어 참으로 사람이 살기에 이상적인 나라였다. 길동이 항상 그 율도국에 대해 유념하고 있던 중이어서, 여러 사람을 불러다 놓고 말하기를,

"내가 이제 율도국을 치고자 하니, 그대들은 마음을 다하고 힘을 다하라."

하고, 바로 그 날 진군했다.

길동이 스스로 선봉이 되고, 마숙을 후군장을 삼아, 날래고 용감한 군사 5만을 거느리고 율도국 철봉산에 올라가 싸움을 돋우었다.

태수 김현충이 난데없는 군사와 말이 들이닥치는 걸 보고 크게 놀랐다. 한편으로는 왕에게 보고하고, 한편으로는 한 부대를 거느리고 내달아 싸웠다.

길동이 김현충의 군사를 맞아 단번에 김현충을 베고 철봉을 빼앗아 백성을 위로한 다음, 정철로 하여금 철봉을 지키게 했다.

길동은 대군을 지휘하여 바로 서울을 치고 들어갈 때, 포고문을 율도국에 보냈다. 거기에는 다음과 같이 씌어 있었다.

의병장 홍길동은 글월을 율도왕에게 부친다. 무릇 임금은 한 사람의 임금이 아니요, 천하 사람의 임금이다. 내가 하늘의 명령을 받들어 군사를 일으켰으므로, 먼저 철봉을 격파하고 물밀듯이 들어가니, 왕은 싸우고자 하거든 싸우고, 그렇지 않으면 즉각 항복하여 살기를 꾀하라.

왕이 다 보고 나서 크게 놀라 말하기를,

"우리 나라가 철봉을 믿었는데, 이제 잃었으니 어찌 당해 내겠는가?"

하고, 여러 신하를 거느리고 항복했다.

길동이 성 안으로 들어가 백성을 위로하고 왕위에 오른 후, 율도왕을 의령군에 봉하고, 마숙과 최철을 좌우상을 삼았으며, 그 밖의 여러 장수는 다 각각 제후로 봉하고 벼슬을 내려 주었다. 그러자 모든 신하들이 천세를 불러 축하해 주었다.

왕이 나라를 다스린 지 3년 만에 산에는 도적이 없고, 길에 떨어진 물건이 있어도 주워 가는 사람이 없으니, 참으로 태평스런 세상이 되었다. 왕이 백룡을 불러 말하기를,

"내가 조선 임금께 글월을 올리고자 하니, 경은 수고를 아끼지 마시오."

하고, 임금님에게 올리는 글월과 홍씨 집으로 보내는 편지를 부쳤다. 백룡이 조선에 가서 먼저 글월을 올리자, 임금님이 보시고 크게 칭찬하시면서 말하기를,

"홍길동은 참으로 기이한 재주를 지닌 사람이다."

하시고, 홍인형을 위유사*에 임명하시었다.

인형이 은혜에 감사한 후 돌아와 모친에게 전후 사정을 이야기하자, 부인이 또한 가고 싶어했다. 인형이 부인을 모시고 출발하여 여러 날 만에 율도국에 이르렀다.

그러자 왕이 나와서 향안을 차려 놓고 모친과 인형을 반가이 맞이했다. 그들은 산소에 가서 제사를 지낸 후 큰 잔치를 벌였다.

여러 날이 되자, 유씨가 갑자기 병을 얻어 세상을 떠나자, 아버지의 능 옆에 나란히 안장했다. 인형이 왕과 작별하고 본국으로 돌아와 결과를 보고하자, 임금이 그 모친상을 당한 데 대해 위로해 주었다.

율도왕이 삼년상을 마치자, 대비인 춘섬이 이어서 세상을 떠났다. 그래서 선영에 안장한 후 또 삼년상을 마쳤다.

왕이 세 아들과 두 딸을 낳았는데, 맏아들과 둘째아들은 백씨에게서 태어나고, 셋째아들과 둘째딸은 조씨에게서 태어났다. 맏아들 현을 세자에 봉하고, 그 외는 다 군에 봉했다.

왕이 나라를 다스린 지 30년 만에 갑자기 병을 얻어 세상을 떠나니, 나이가 일흔두 살이었다. 왕비도 그 뒤를 따라 세상을 떠나자 선영에 안장한 후 세자가 즉위했다. 그리하여 자자손손 뒤를 이어 태평한 세상을 누렸다.

---

* 위유사 천재 지변이 있을 때 민심을 수습하기 위해서 지방에 내려보내던 임시 벼슬.

작자 미상

임진록

임진록

최일령

선조 임금께서 꿈을 꾸었는데, 어떤 여자가 기장*을 넣은 자루를 머리에 이고 들어와 내려놓는 걸 보고 놀라서 깨어 보니, 한바탕의 덧없는 꿈이었다.

임금님이 여러 신하를 불러 놓고 꿈 이야기를 하고 나서,

"그대들은 이 꿈이 무슨 꿈인지 풀이해 보라."

했다.

영의정* 최일령(崔一令)이 아뢰었다.

"신이 풀이해 보니, 가장 좋지 않은 꿈입니다."

임금님이 말씀하시기를,

"좋은 꿈이든 흉한 꿈이든 말해 보라."

하시니, 일령이 엎드려 여쭈었다.

"신이 잠깐 풀이해 보니, 사람 인(人)변에 벼 화(禾)를 하고 그 아래에

---

* 기장 볏과의 한해살이풀. 기장쌀로 밥, 떡, 술 등을 만들거나 사료로 씀.
* 영의정(領議政) 의정부의 으뜸 벼슬.

계집 여(女)자를 했으니, 이 글자는 왜(倭)자입니다. 그러므로 아마도 왜놈이 쳐들어올 듯싶습니다."

그러자 임금님이 크게 노하시어 꾸짖으시기를,

"시절이 태평한데 그대는 어찌 요망한 말을 하여 인심을 어지럽게 하고, 과인의 마음을 불안케 하는가."

하시며,

"일령을 먼 곳으로 귀양 보내라."

하시니, 일령이 엎드려 사죄하기를,

"신이 어리석어 요망한 말씀을 했으니, 그 죄는 만 번 죽어도 아깝지 않으나, 전하께서는 용서해 주시기를 엎드려 바라옵니다."

하자, 임금님이 크게 노하시어 말씀하셨다.

"잔말 말고 바삐 귀양 갈 곳으로 가라."

일령이 어쩔 수 없이 귀양지에 가서 밤낮으로 임금님과 처자를 생각하고 탄식했다.

이 때는 임진년(선조 25년, 1592년) 3월이었다. 꽃은 활짝 피어 있고, 풀은 푸르러 싱싱했다. 일령은 고향을 생각하다가 마음이 어지러워져서 누각에 올라 산과 강을 구경하고 있었다. 그런데 문득 바람이 세차게 불더니, 작은 돛단배 천여 척이 바다 위에 떠서 들어오고 있었다.

일령이 크게 놀라, 동래 부사를 불러,

"적군의 배가 들어오고 있으니, 그대는 바삐 군사를 거두어 도적을 막으라."

하고 말했다.

부사는 다급해서 군사를 거두는 한편, 임금님께 장계*를 올렸다.

그러나 왜적은 벌써 배를 강변에 대고 있고, 왜장 소서(小西)*는 칼을

---

* 장계(狀啓) 지방 관원이 임금에게 올리는 보고서.
* 소서(小西) 고니시 유키나가(?~1600). 일본의 무장. 임진왜란 때 선봉장으로 조선에 출병.

들고 강변으로 뛰어나와 소리를 벽력같이 지르며,

"조선 동래 부사는 빨리 나와 내 칼을 받아라."

하고, 달려들더니 부사 이순경(李順敬)을 베어 그 머리를 들고 칼춤을 추면서 재주를 부리고 희롱했다.

그러자 왜국 대장 청정(淸正)*은 좋아하면서 북을 울렸다. 억만 장졸은 물끓듯하는데, 살같이 들어오니, 군사가 70만이요, 용감한 장수가 수만여 명이었다.

청정이 장수의 지휘대로 올라가 여러 장수와 병사에게 각각 임무를 맡겼다. 소서에게는

"강원도 원주를 치고 평안도를 쳐라."

하고, 동경청(東京淸)에게는 날랜 군사 1만과 용감한 장수 천여 명을 주면서,

"그대는 전라도를 치고, 김해의 군량을 수송해라."

하고, 문경(文京)에게는 날랜 군사 5만과 용감한 장수 수천 명을 주면서 말하기를,

"충청도 영동을 치고, 함경도 26주를 쳐라."

하고, 부경(府京)을 불러 날랜 군사 20만과 용감한 장수 3천여 명을 주면서,

"그대는 강원도 18주를 치고, 군량이 떨어지거든 강원도로 운송하라."

하고, 마룡(馬龍)을 불러 날랜 군사 1만과 용감한 장수 천여 명을 주면서,

"그대는 전라도로 가서 황해도를 쳐라."

하고, 평수길(平秀吉)에게는 군사 5만과 이름난 장수 수천 명을 주면서,

"경상도를 쳐라."

하고,

---

* **청정(淸正)** 가토 기요마사(1562~1611). 일본의 무장. 임진왜란 때 선봉에 섰음.

"나청정은 남은 장수와 병사를 거느리고 경상 우도를 짓치고, 충청 좌도를 치고, 소서는 충청 우도를 치고 경기도로 달려가서 조선 왕을 항복받은 후에는 내가 조선 왕이 되어 그대들에게 일품 벼슬을 주겠다."
했다.

여러 장수와 병사가 다 같이 명령을 받을 때,
"만일 명령을 어기는 자가 있으면 군법으로 처벌하겠다."
했다.

수만 명의 장수들이 명령을 받고 군사를 나누어 팔도로 헤어져서 짓치고 올라갔다. 왜군이 북을 치고 나팔을 불며 아우성치는 소리가 천지에 진동하고, 깃발과 창과 칼은 햇빛을 희롱하니, 어찌 슬프지 않겠는가.

팔도 백성이 전란을 겪어 보지 않다가 뜻밖에 난을 당하자, 남녀 노소 없이 서로 붙들고 통곡하며 피란을 갔다. 그 누가 살기를 바랄 것인가. 이러한 울음소리가 산천에 가득하니, 가련하고 불쌍한 광경은 차마 볼 수가 없었다.

이 때, 왜장 소서가 군사를 몰아 강원도로 향하는데, 왜국에서 누이동생의 편지가 왔기에 받아 보니 거기에는,

'소나무 송(松)자 있는 곳에는 가지 마십시오. 송자 있는 곳에 가면 크게 패할 것이니, 부디 가지 마십시오.'

라고 씌어 있었다.

소서는 청송(靑松)과 송도(松都)에는 가지 않고 강원도에 들어가 강원 감사 이래(李來)와 평안 감사 이공태(李公太)를 죽였다.

그런데 그 고을의 월천(月川)이라는 기생은 얼굴이 아름다운 여자였다. 소서는 그 기생을 첩으로 삼아 밤낮으로 연광정에서 자연을 벗삼아

운치 있게 세월을 보냈다.

이 때, 왜장 등이 군사를 몰아 좌충 우돌했다. 최전방 부대의 장수인 청정이 경상도를 치고 조령을 넘었는데, 조령을 수비하고 있던 무관이 미처 방비하지 못하고 있다가 청정의 칼에 죽으니, 그 험악한 기세를 막을 자가 없었다.

이순신

이순신(李舜臣)*은 이 무렵, 전란이 일어날 줄을 미리 알고, 거북선* 수천 척을 물에 띄우고 있었다.

그 안에는 수천 명의 군사가 들어갈 수 있게 하고, 배 위에는 구멍을 수없이 뚫어 놓았다. 그리고 배 안에서는 밥을 지어 먹게 하고, 연기는 배 입으로 나오게 했다.

그러니 영락없이 큰 거북이 물에 떠다니는 것처럼 보였다. 뿐만 아니라, 안개 같은 것을 입으로 토하게 해 놓아서, 왜장 등이 바라보고는 크게 놀라서 활과 총으로 무수히 쏘아 댔다. 하지만 거북의 등에 화살이 박히기는 하였으나 안으로 뚫고 들어가지는 못했다.

수천 척의 거북이 망망한 푸른 바다 위에 떠다니며 방포 소리를 내고, 화살을 비 오듯 쏘아 대자, 왜군이 무수히 죽었다.

그런 광경을 보고, 청정이 크게 놀라 활과 총을 빗발치

이순신

* 이순신(李舜臣)　조선 선조 때의 명장(1545~1598). 거북선을 제작하고 임진왜란이 일어나자 한산도에서 적선 70여 척을 무찌름. 저서로는 〈난중일기〉가 있음.
* 거북선　임진왜란 때에 이순신이 만들어 왜적을 쳐부순 거북 모양의 배. 세계 최초의 철갑선으로, 몸체에 송곳을 입혀 적이 오르지 못하도록 함.

듯이 쏘아 댔다. 하지만 거북이 달려들면서 입으로 안개를 토하고, 화살이 비 오듯 쏟아지며 병사가 마구 쓰러지자, 청정이 당해 내지 못할 줄 알고 붉은 기를 휘두르며 산으로 도망쳐 올라갔다.

순신이 급히 군사와 배를 재촉하여 적진을 쫓아가다가 한산도에 다다랐다.

앞을 바라보니 좌우의 산세는 울창한데, 너럭바위 위에서는 철쭉, 진달래, 두견화가 웃으며 반기는 듯하고, 온갖 새가 날아들어 봄꿈을 희롱하니, 슬픈 마음이 절로 났다.

경치를 구경하다가 문득 깨달아 좌우의 산천을 바라보았다. 산세가 험악하여 갈 길이 없었다.

여러 장수와 군사가 움푹 꺼진 땅에 빠져 죽는 줄 알고, 서로 붙들고 통곡하고 있었다. 자세히 살펴보니, 벌써 죽은 병사가 태산 같고, 피가 흘러 내를 이루고 있었다.

이순신은 중앙에 있는 중심 부대에 명령을 내려 남은 군사를 숨겨 두었다가 급히 내려가 적진을 짓치고 들어갔다. 그러자 적군의 시체가 태산 같았다.

순신은 승전고를 울리며 부대의 주둔지로 들어갈 때, 한 군사가 보고하기를,

"적병이 무수히 옵니다."

고 했다.

순신이 군사를 재촉하여 급히 들어가 적군과 싸웠다. 그러자 적진으로부터 방포 소리가 나더니, 화살이 순신의 어깨를 맞혔다.

순신은 황급히 선창 밖으로 나와서 하늘을 향해 두 손 모아 빌고, 짧은 화살을 먹여 종일토록 쏘다가 기운이 다하여 화살에 맞아 죽었다. 여러 장수가 군사들에게 명령을 내리되,

"장군이 전사했다는 기색을 나타내지 마라."

하고, 장의를 뱃머리에 세우고 적진을 쫓아가며 고함을 치니, 왜장 등이 달아났다.

그리하여 장군의 시신을 관에 넣어 옮기고, 그 연유를 나라에 보고하려고 했으나 왜적이 침노해 오므로 보고하지 못했다. 왜장은 장군이 죽었다는 말을 듣고 기뻐하면서,

"이제는 조선에 명장이 없으니, 조선을 멸망시키겠다."

하고, 바로 서울로 향해 떠났다.

처음에 청정이 10만 대군을 거느리고 경상도를 칠 때, 진주 병사 양익태(梁益台)와 경상 감사 이짐(李眹)을 항복받았는데, 청정은 그들을 선봉으로 삼아 길을 갈라서 치게 했다. 그 때, 청정은 경상도 서쪽을 치고, 이어서 상주를 쳤다. 그러자 상주 목사 남덕천(南德天)은 미처 방비하지를 못해서 청정의 칼에 죽었다.

청정은 경상도를 격파하고 나서,

"71주에 있는 군량을 운송하라."

하고, 명령을 내린 후 조령을 넘어 충청도를 치고 올라갔다.

이 때, 신립* 장군은 충청도 군사를 거두어 조령 산성에 진을 치고 기다리고 있었다.

청정은 조령을 넘어 신립의 진을 바라보고 매우 기뻐하면서,

"조선에 명장이 없음을 가히 알겠다. 신립이 우리를 막지 않고 강변에 배수진을 쳤으니, 우습기 짝이 없다. 옛날, 한신(韓信)은 배수진을 쳐서 조(曹)나라 군사를 격파했지만, 이제 신립이 배수진을 치고 어찌 나를 당하겠는가."

---

* **신립**(申砬) 조선 선조 때의 무장(1546~1592). 임진왜란 때 왜군을 막다가 장렬한 전사를 하였음.

신립

하고, 일시에 군사를 재촉하여 짓치니, 신립이 미처 손을 놀리지 못하여 10만 대병을 순식간에 전멸당하고, 하릴없이 하늘을 우러러 탄식하면서 물에 달려들어 빠져 죽으니, 주검이 강물을 막아 물이 흐르지 못했다.

청정은 승전고를 울리며 군사를 이끌고 물러가 충주 목사 지군(池君)을 베고, 병사 문명(文命)을 죽였다.

여러 왜장이 순신의 동정을 탐지하고 경기도로 향하니, 그 형세를 당할 자 없었다.

정출남

임진년 4월, 충청도에서 장계가 올라왔는데, 뜯어 보니,

왜적이 강하고 많아서 70만 대병을 이끌고 들어와서 동래 부사를 죽이고 각 도를 짓치니, 청정과 소서는 삼국 시대의 조자룡(趙子龍)이라도 당하지 못하옵니다.

고 씌어 있고,

경상도 71주를 항복받고, 충청도로 와서 신립과 싸워 신립의 10만 대병을 전멸시키고, 신립도 물에 빠져 죽자, 왜군이 승전하여 충주 목사와 병사를 죽이고, 경기도로 향하니, 전하께서는 급히 도적을 막으시기를 엎드려 비옵니다.

라고 씌어 있었다.

임금님이 크게 놀라시어 최일령의 꿈 풀이를 그제서야 아시고, 먼 곳

으로 귀양 보낸 것을 한탄하시며 좌우 신하들을 둘러보시고,

"누가 능히 왜적과 맞서 싸우겠는가?"

하시며,

"안으로 용감한 장수가 없고, 밖으로 적군의 세력이 위급하니, 누가 도적을 물리치고 나라와 도탄에 빠진 백성을 구하며, 과인의 근심을 없애 주겠는가?"

하시자, 포도 대장 정출남(鄭出男)이 앞으로 나아가 아뢰기를,

"신이 비록 재주는 없사오나, 한칼로 왜적을 물리쳐 전하의 근심을 덜어 드리겠사옵니다."

하므로, 임금님이 매우 기뻐하시며 군사 5만과 용감한 장수 50여 명을 주면서 말씀하시기를,

"경이 나가서 왜적을 몰살시켜 과인의 근심을 없게 하라."

하셨다.

출남은 어명을 받들고 남대문을 나와, 여러 장수들을 불러 각각 소임을 맡겼다.

김여춘(金如春)으로 선봉을 삼고, 백여철(白如喆)로 중군장을 삼고, 남익신(南益信)으로 우익장을 삼고, 양희발(梁喜勃)로 좌선봉을 삼고, 김치운(金治雲)으로 후군장을 삼고, 나머지 장졸들에게도 각각 임무를 정해 주었다.

정출남은 청총마를 타고, 70근 되는 긴 창을 좌우에 갈라 들고 군사들에게 호령하여 말하기를,

"군사 중에 만일 명령을 어기는 자가 있으면 군법으로 다스리겠다."

하고, 행군하여 충주로 내려와 적진을 살펴보니, 진세가 웅장했다.

출남이 나아가 싸움을 돋우자, 청정이 운천동(雲天東)으로 좌익장을 삼아 여러 장수에게 각각 임무를 맡긴 후, 방포 소리를 내면서 팔만금사진을 쳤다.

정 원수도 방포 소리를 내고 오행진을 친 후 중군장 백여철에게 진세를 지키게 하고, 말을 타고 나아가 크게 외쳐 말하기를,

"적장은 들으라. 네 아무리 무도한들 하늘의 뜻을 모르고 외람되게도 예의를 존중하는 남의 나라를 침범하여 불쌍한 백성만 죽이지 말고, 빨리 나와서 내 칼을 받아라. 우리 전하께서는 나로 하여금 너희들을 전멸시키라 하시기에 왕명을 받들어 나왔으니, 빨리 나와 내 칼을 받으라."

하자, 적진에서 한 장수가 내달아 외치기를,

"조선 정출남은 들으라. 나는 왜국 선봉장 청룡(淸龍)이다. 조그마한 네가 당돌하게도 우리를 능욕하여 우리 대군을 희롱하였으니, 네 목을 베어 분함을 풀겠다."

하고, 달려들어 맞싸우니, 양쪽 진영의 북과 나팔 소리며 아우성치는 소리가 천지를 뒤흔드는 듯하고, 번쩍거리는 창빛은 해와 달을 희롱했다.

20여 합에 승부를 내지 못했다. 양쪽 장수가 싸우는 모습은 두 범이 서로 먹이를 차지하려고 겨루는 듯하고, 푸른 용과 누런 용이 여의주를 빼앗으려고 다투는 듯했다.

출남이 기운을 내어 소리를 지르면서 칼을 날려 청룡을 치니, 청룡의 머리가 말 아래에 떨어졌다. 출남은 그 머리를 칼끝에 꿰어들고 크게 외쳐 말하기를,

"청정도 빨리 나와 내 칼을 받으라."

하고, 외쳤다.

청정이 제 아우의 주검을 보고 분기가 충천하여 내닫기에 바라보니, 키가 9척이요, 보신갑을 입고, 100근 철퇴를 들고, 오른손에 100근 명천검을 들고, 적토마를 타고 살같이 들어왔다.

정출남이 한 번 바라보니, 정신이 아뜩하여, 말머리를 돌려 본진으로 들어오자, 청정이 달려오면서 우레같이 외치기를,

"조선 장군 정출남은 달아나지 말고 내 칼을 받아라. 네가 내 아우를 죽였느냐!"

하며, 오른손의 명천검으로 정출남을 치니, 출남의 머리가 말 아래에 떨어졌다.

그러자 명천검으로 그 머리를 꿰어들고 10만 대병을 한칼로 순식간에 무찌르고, 이리저리 닥치는 대로 베니, 주검이 태산 같고, 흐르는 피가 강물이 되었다.

청정이 연전연승하여 승전고를 울리며 본진으로 들어오니, 여러 장수가 치하하여 말하기를,

"장군의 용맹은 귀신입니다."

하자, 청정이 웃으면서 말하기를,

"대장부가 세상에 태어나서 용맹이 없으면 만리 타국에 나와 남의 나라를 어떻게 치겠는가."

하고, 군사를 거느리고 서울로 달려가서 치니, 그 형세를 당해 낼 자가 없었다.

이 때 전하께서는 정출남을 전장에 내보내고 10여 일이 지나도록 소식을 몰라 근심하시는데, 뜻밖에 양주 땅에서 장계가 올라왔다. 급히 뜯어 보시니, 거기에는

정출남은 양주에서 왜적과 싸워 왜장 청룡을 베었으나, 도리어 청정의 칼에 죽었습니다. 그래서 10만 대병이 몰살당하고, 또 적군이 서울을 침범하니, 전하께서는 급히 도적을 막아 주시기 바라옵니다.

라고 씌어 있었다.

임금님이 놀라시고 여러 신하를 모아 놓고 탄식하면서 말씀하시기를,

"적군의 세력이 위급하니, 무슨 수로 나라와 백성을 안전하게 보호한
단 말인가."

하시며, 눈물을 흘리셨다.

좌우의 여러 신하가 황급하여 어찌할 줄 몰랐다. 수문장이 급히 아뢰
기를,

"도적이 벌써 한강을 건넜습니다."

고 하자, 임금님이 그지없이 슬퍼하시며, 어영 대장 최달성(崔達性)과
금위 대장 백수문(白壽文)을 불러 말씀하시기를,

"성 안의 백성으로 동서남북 사대문을 굳게 지키게 하라."

하시고, 남문으로 나오시어 가실 바를 알지 못하시는데, 김원동(金元東)
이 아뢰기를,

"평안도는 아직 도적이 들어오지 않았다 하오니, 전하께서는 그리로
가옵소서."

하고, 전하를 모시고 평안도로 갔다.

이 때, 도적이 조선 왕이 피란한 줄을 모르고 도성만 둘러싸고 지키
면서 외치기를,

"조선 왕은 빨리 나와 항복하라!"

하는 소리로 도성이 무너지는 듯하니, 성 안에 있는 사람이야 어찌 슬
프지 않겠는가.

서로 붙들고 통곡하는 소리가 물 끓듯했다.

그 때, 문득 남대문을 향해서 오색 구름이 일어나더니, 한 사람의 대
장이 억만 대병을 거느리고 왜군의 진영을 헤치고 우레 같은 소리를 지
르며 청정을 불러,

"조선의 역사가 400년이 넉넉하거늘, 너는 방자하게 하늘의 운수를
모르고 불쌍한 백성만 죽여 세상을 요란하게 하느냐. 바삐 물러가라!
나는 촉한의 관운장이다."

하고 말했다.

청정이 크게 놀라 바라보니, 한 사람의 대장이 적토마를 타고 삼각 수염을 기르고, 봉의 눈을 부릅뜨고, 청룡도를 빗겨들고, 천병 만마를 거느리고 섰으니, 분명한 관운장이었다. 황급히 말에서 내려 평안도로 향했다.

김덕령

평안도 평강땅에 있는 김덕령(金德齡)*이라는 사람이 있으니, 나이는 15세요, 힘은 능히 천 근을 들고, 한 말 분량의 밥을 먹고, 둔갑 장신*은 삼국 시대 제갈량(諸葛亮)보다도 더 능했다.

태평한 시대여서 농사를 짓고 있었으나, 가운이 불행하여 아버지가 세상을 떠나자 슬퍼하며 세월을 보내고 있었는데, 뜻밖에도 왜적이 조선을 침략한다는 말을 듣고, 어머니 앞에 나아가 여쭙기를,

"제가 들으니까, 왜적이 가까이 왔다 합니다. 어머님, 허락해 주세요. 아버님 상복을 벗어 불사르고, 왜적을 물리쳐 나라의 근심을 던 후에 시절이 태평하면 제 이름이 역사의 기록에 올라 부모님께 영화를 가져다 드리고 복록을 누리게 될 듯합니다. 어머님, 허락해 주세요."

하자, 어머니는 꾸짖어 말하기를,

"우리 집 사람은 너 하나뿐이다. 선영*의 제사를 받들어야 하는데, 어찌 이런 말을 하느냐. 네가 무슨 재주로 왜적을 물리친단 말이냐.

---

* 김덕령(金德齡) 임진왜란 때의 의병장(1567~1596). 권율 휘하에서 의병장 곽재우와 협력하여 여러 차례 왜병을 격파함.
* 둔갑 장신(遁甲藏身) 여러 가지 모습으로 자기의 몸을 바꾸거나 숨기는 술법.
* 선영(先塋) 조상의 무덤.

속절없이 전장의 백골이 될 것이다. 이런 말 말고 농사에나 힘써라."

하니, 덕령이 어머니의 말씀을 거역하지 못해서 탄식만 하더니, 도적이 가까이 왔다는 말을 듣고, 어머니 모르게 상복을 벗어 제청 문에 걸어 놓고, 집을 떠나 순식간에 왜군의 진지로 들어갔다.

청정이 김덕령을 보고 크게 놀라, 수문장을 불러 호령하기를,

"어찌 진문을 허술히 하여 조선 사람을 들어오게 했느냐?"

하고, 군중에 명령을 내리기를,

"활과 총으로 쏘아 잡으라."

했다.

화살과 총알이 비 오듯 하므로, 김덕령이 몸을 피했다가 총 소리와 화살이 그친 후에 다시 진중에 들어가 청정을 보고 말하기를,

"나는 평안도 평강 땅에서 사는 김덕령이다. 네가 하늘이 정해 준 운수를 모르고, 분수에 넘치는 야심을 품고 의기 양양하기에 내가 왔으니, 내 재주를 보아라. 내일 오시*에 네 군사 수만 명의 머리에 백지 한 장씩을 붙일 것이니, 그리 알아라."

하고 나왔다.

그 이튿날, 사시* 말에서 오시 초가 되자, 사면에서 오색 구름이 일어나는 바람에 눈앞을 분별할 수 없고 눈도 뜰 수 없었다.

잠시 후에 하늘이 맑아지자, 덕령이 들어와 청정을 꾸짖기를,

"내 재주를 보아라."

하고, 백지를 던지자 수십만 군사의 머리에 감겨, 흰꽃밭이 되었다.

청정이 그 재주를 보고 크게 놀라면서 말하기를,

"내가 재주를 8년 동안이나 배웠지만 저런 재주를 배우지 못했으니, 어찌하겠는가! 아마 저 사람을 유인하여 선봉을 삼으면 염려 없이 큰

＊오시(午時) 오전 11시부터 오후 1시까지.
＊사시(巳時) 오전 9시에서 11시까지.

일을 이룰 것이다."

하고, 한탄했다. 덕령이 머리에 달린 백지를 일시에 걷어 치우고 청정을 불러 말하기를,

"나도 운수가 불길해서 재주만 보여 주었으니, 빨리 돌아가라. 만일 듣지 않으면 아버님의 상옷을 제청 문에 사르고 너희들을 한칼에 무찌를 것이니, 남은 목숨을 보전하여 급히 돌아가라."

하고, 온데간데없었다.

청정이 의심하여 급히 성 안으로 돌아갔다.

이 때, 전하께서는 영의정 정현덕(鄭玄德)을 데리고 평안도로 떠나셨다. 그 때, 소서가 평양 성 안을 함몰시키고 근처로 온다는 말을 들으시고, 평안도 토곡성 안으로 들어가 머무셨다.

그 때, 19세 된 아이가 있었는데, 힘은 천 근을 들고, 재주와 용맹은 무궁하나 기개가 없어서 소서를 대적하지 못했다.

어느 날, 한 양반이 들어와 그 아이를 보고 말했다.

"내가 너의 기상을 보니 재주를 두 눈썹 사이에 나타내고 있으니, 군사를 거느리고 나가서 도적을 멸하고 큰 공을 세우는 것이 마음에 어떠하냐?"

그 아이는 생각하기를,

'이 양반이 혹시 그분이 아니신가.'

하고, 땅에 엎드려 아뢰기를,

"제가 재주는 없으나, 나라의 변란이 이러한데 어찌 늙고 약한 도적을 치지 않겠습니까."

하자, 전하께서 말씀하시기를,

"네 성명은 무어라 하느냐."

"제 성은 김가이고, 이름은 고원(古元)이옵니다."

임금님께서 바로 편지를 써 주시면서 말씀하시기를,

"내 말을 타고 곧 관에 가서 부윤 한성록(韓成錄)에게 주어라."

하셨다.

고원이 어명을 받들고 곧 관에 가서 부윤을 보고 편지를 올렸다. 그러자 부윤은 크게 놀라고 황망하여, 바로 떠나 평안도 토곡성 안으로 들어와 땅에 엎드려 절을 했다.

임금님께서는 눈물을 흘리시면서 탄식하고 말씀하시기를,

"나라의 운수가 불행하여 왜적이 허를 짓치니, 종묘*를 어찌 보전하겠는가. 평양으로 향해 가다가, 소서가 평양 성 안에 버티고 있어서 이 곳에 와 머물고 있는 중이다."

하고 통곡하시자, 한성록이 땅에 엎드려 아뢰기를,

"소신은 나라의 변란이 이러했으되, 전하께서 이리 와 계신 줄을 알지 못하였고, 태만히 있다가 조서*를 받고 달려왔습니다. 그러니 신의 죄는 만 번 죽어도 아깝지 않습니다. 전하께서는 근심치 마옵소서."

하자, 임금님께서 눈물을 거두시고 한성록에게 명하시기를,

"군사를 모아 도적을 막으라."

하셨다.

이 때, 조선의 360주 중에서 300 주는 왜놈의 땅이 되고, 60주만 남아 있었다.

군사라고는 함경도 천북 군사만 남아 있어서 길이 막혀 왕래하지는 못하고, 황해도 군사는 산골짜기로 피란 가고, 경기도 군사 80명이 도성을 지키고 있었다.

그래서 평안도 군사만 거두니 겨우 1만 명이었다. 임금님께서 말씀하시기를,

---

* **종묘**(宗廟) 왕실의 사당.
* **조서**(詔書) 임금의 명령이 적힌 문서.

"군사도 부족하거니와 장수도 없으니, 도적을 어떻게 막겠는가."

하시고, 최일령을 생각하시며 여러 신하를 둘러보고 탄식하셨다.

이 때, 귀양 갔던 최일령이 동래 귀양지에서 생각하기를,

'이제 왜적이 사방에 진을 치고 있으니, 어떻게 길을 왕래할 수 있으며 왕명을 받들 수 있을 것인가.'

하고, 바로 그 날로 길을 떠나 몸을 감추어 서울로 떠났다. 도적에게 잡힐까 봐서 낮에는 숨어 자고, 밤에는 길을 걸어 10여 일 만에 도성에 다다랐다.

임금님은 피란하시고, 장안에 들어서니 장안이 적적하고, 대궐이 으스스하고 쓸쓸했다.

문득 전하께서 평안도로 피란하셨다는 말을 듣고 토곡성에 가서 전하를 뵙고 땅에 엎드려 통곡하니, 임금님께서 크게 놀라고 크게 기뻐하시어 일령의 손을 잡고 눈물을 흘리면서 말씀하시기를,

"과인이 그대의 말을 들었더라면 이런 화를 안 당할 것을, 도무지 밝지 못해서 그대를 먼 곳으로 귀양 보냈건만, 그대는 옛날 일을 생각지 않고 지금 과인을 찾아왔으니, 더 마음이 아프다."

하시며,

"그대는 옛일을 생각지 말고, 선조께서 창건하신 나라를 위해서 도적 막을 계책을 말해 보라."

하시니, 최일령이 땅에 엎드려 아뢰기를,

"평안도에 김응서라고 하는 사람이 있습니다. 힘은 3천 근을 들고, 재주와 용맹은 촉한의 조자룡보다 더하다는 말을 들었습니다. 급히 그 사람을 불러 도적을 막으소서."

하니, 전하께서 기뻐하시고 사신을 보내셨다.

김응서

김응서(金應西)는 평안도에 있으면서도 왕명이 없어서 사직*을 받들지 못하고 탄식을 마지않고 있었다.

어느 날, 사신이 와서 왕명을 전하자, 김응서는 즉시 갑옷을 갖추고 천리준총마*를 타고 토곡성에 가서 전하께 인사를 올렸다.

임금님께서 크게 기뻐하시고 바라보니, 눈은 소상강 물결 같고, 키는 8척이요, 황금 투구에는 순금갑을 입고, 90근 장창을 왼손에 들고, 80근 철퇴를 오른손에 들었으니, 참으로 영웅이었다.

임금님께서 진심으로 흡족해하시며 일령더러 말씀하시기를,

"이제 명장을 얻었으나, 군사가 부족하니 어떻게 할 것인가."

일령이 아뢰기를,

"조선 군사로는 당해 내지 못할 것이고, 조선 장수 김응서는 왜적을 당하지 못할 것이니, 전하께서는 중국에 군사 지원을 요청하십시오."

임금님께서 옳게 여기시어, 구원병을 요청하는 사신을 정하려고 할 즈음에 병조 판서 유성룡(柳成龍)이 땅에 엎드려 아뢰기를,

"신이 청병 사신으로 다녀오겠사옵니다."

하니, 임금님께서 크게 기뻐하시고, 유성룡을 청병 사신으로 정하여 보냈다.

일령이 응서더러 말하기를,

"왜적 소서가 평양 기생 월천을 첩으로 삼았다 하는데, 월천과 약속을 하면 소서 죽이는 일은 그대의 손 안에 있네마는, 연광정의 높은 뜰에 방울로 진을 쳤으니, 소리를 막을 재주가 있는가."

응서가 대답하기를,

---

* 사직(社稷) 나라 또는 조정을 일컫는 말.
* 천리준총마(千里駿驄馬) 하루에 천 리를 달리는 날래고 총명한 말.

"방울 소리는 둔갑으로 막겠습니다만, 월천과 약속할 묘한 방법을 일러 주십시오."

일령이 말하기를,

"중국 솜 한 근과 독한 술 100여 병을 가지고 10여 장* 성을 넘어가서, 중국 솜으로 방울 소리를 막은 후에 연광정에 들어가면, 자시* 초쯤 되어 월천이 나올 것이네. 월천의 손을 잡고 입을 귀에 대고 일일이 약속을 단단히 정하고, 술을 먹인 후에 장군이 조심하여 소서를 베고, 즉시 방바닥에 엎드려 소서에게 죽지 않도록 하게."

하고 일러 주자, 응서가 대답하고 중국 솜 한 근과 독한 술 100여 병을 가지고, 평양 80리를 진시* 초에 떠나 유시* 말에 이르러, 말을 문 밖에 매고 밤을 살펴보니 초경*이 되었다.

몸을 날려 15장 되는 성을 뛰어넘어 신장*을 불러 당솜을 주면서 말하기를,

"방울 소리를 막아라."

하고, 연광정에 들어갔다.

그 때, 소서는 등불을 켜 놓고 월천과 함께 노래도 부르며 재미있게 희롱하고 있었다. 응서가 몸을 날려 감추고 월천이 나오기를 기다리고 있는데, 자시 초쯤 되자 월천이 나왔다. 응서는 월천의 손을 잡고 말하기를,

"너는 비록 기생이로되 조선의 국록을 먹고 있는 처지인데도 왜놈을 섬겨 부부의 예를 행하고 있단 말이냐. 나는 왕명을 받들어 소서를

---

* **장(丈)** 길이의 단위. 한 장은 10척.
* **자시(子時)** 오후 11시부터 오전 1시까지.
* **진시(辰時)** 오전 7시부터 9시까지.
* **유시(酉時)** 오후 5시부터 7시까지.
* **초경(初更)** 저녁 5시부터 9시까지.
* **신장(神將)** 귀신의 군사를 거느리는 장수.

죽이러 왔다. 네 뜻은 어떠냐."

월천이 말하기를,

"저는 계집으로서 비록 왜장 소서의 첩이 되긴 했으나, 장군 같은 영웅을 만나지 못해서 밤낮으로 원이 되었는데, 밝은 하늘이 감동하시어 장군님을 만났으니, 어찌 반갑지 않겠어요. 장군님의 약속을 가르쳐 주세요."

응서가 기뻐하고는 독한 술병을 내 주면서 말하기를,

"이리이리 해라."

하고, 소서의 거동을 낱낱이 물으니, 월천이 대답하기를,

"소서가 잠이 절반만 들면 한 눈만 뜨고, 잠이 다 들면 두 눈을 다 떠요."

하고, 방으로 들어가 소서더러 말하기를,

"제 오라비가 있는데요, 지금 장군님을 뵈러 왔어요. 문 밖에 있어요."

소서가 반가워하며 말하기를,

"너의 오라비가 왔다 하니, 너하고 남매간인데 어찌 반갑지 않겠느냐."

하므로, 월천이 바로 문 밖에 나와서 응서를 들어오라고 했다.

응서가 들어가 인사를 하고 앉은 후에 소서가 김응서의 얼굴 생김새를 보고 크게 기뻐하면서 말하기를,

"재주 있고, 여러 장수 죽일 재주를 가졌으니, 실로 영웅이다. 그대는 나를 도우면 조선 장수 8명을 벤 후에 나는 청정의 부장*이 되고, 청정은 조선의 왕이 되고, 우리 둘이 큰 공을 이룬 후에 1등 공신이 되어 국록을 먹고 이름을 후세에 빛낼 것이니, 그대는 나를 도움이 어

---

* **부장(副將)** 주장(主將)의 다음 지위로 주장을 보좌하는 장수.

떠한가.”

응서가 거짓으로 기뻐하면서 허락했다.

이 때, 월천이 아뢰기를,

“제 오라비가 술과 안주를 가지고 왔으니, 장군님과 나누어 잡수시면 어떨까요.”

소서가 허락하여 말하기를,

“너의 오라비가 제 누이를 위하여 술과 안주를 가지고 왔다 하니, 더 반갑구나.”

하며, 잔을 잡고,

“술 부어라.”

하고 말했다.

그 때, 월천의 하는 거동을 보면, 다홍 치마 후리쳐 꿰고, 술을 부어 들어 두 손으로 한 잔 권하고, 두 잔 권하고, 한 잔, 한 잔, 또 한 잔을 하게 했다.

한 병 술을 다 먹으니, 크게 취하여 소서가 자리에 넘어졌다.

응서가 월천을 데리고 문 밖으로 나와,

“다른 의심은 없느냐.”

하니, 월천이 대답하기를,

“다른 의심은 없으니, 급히 처치하세요.”

응서가 문을 열고 보니, 소서가 눈을 부릅뜨고 잠이 깊이 들어 있었다. 응서가 칼을 들고 칼춤을 추면서 들어가니, 소서의 칼 명천검이 벽에 걸려 있었는데, 응서가 들어감을 보고 솟아올라 치려고 하다가, 칼임자가 잠이 깊이 들어서 응서가 들어감을 용납만 할 뿐이었다. 월천은 그 칼 재주를 이미 알고 있는지라,

“입으로 침을 세 번만 뱉고 달려들어 치세요.”

하자, 응서가 그대로 시행하고 후리쳐 치니, 소서의 머리가 칼빛을 따

라 떨어졌다.

응서는 칼을 던지고 바로 엎드려서 엿보니까, 문득 목 없는 소서가 일어나면서 벽 위에 걸린 칼을 들고 휘휘 두르며 한 번 들어 연광정 대들보를 치고 넘어졌다.

응서는 그제서야 목을 칼끝에 꿰어든 다음 월천을 옆에 끼고 15장 되는 성을 넘어가더니, 월천더러 말하기를,

"시운이 불행하여 너도 소서의 첩이 되었으나, 잠시라도 부부의 예는 마찬가지다. 너로 인해서 소서를 죽였으나, 너를 살려 두면 나도 소서처럼 화를 당할 것이다."

하고, 마지못해서 월천의 머리를 베어 가지고 통곡하면서 토곡성에 가서 전하께 소서의 머리를 드린 후에 또 월천의 머리를 올렸다.

임금님께서는 한편으로는 크게 기뻐하시고, 한편으로는 애련히 여기시어 응서의 손을 잡고 칭찬하면서 말씀하시기를,

"월천이 비록 미천한 계집이나, 일단 충성만 생각하고 소서를 죽이고 또 저도 죽었으니, 월천은 천추만대에 이름이 빛날 것이다."

하셨다.

한편, 이 때 유성룡은 명나라 청병 사신으로 들어가 황제를 뵙자, 황제가 묻기를

"조선에 무슨 일이 있기에 짐의 나라에 들어왔소."

하시자, 성룡이 엎드려 아뢰기를,

"소신의 나라에 운수가 불길하여 왜란을 당한 후로 종묘 사직이 위태하고, 중요한 땅을 빼앗겨 국왕께서 평안도 토곡성 안으로 피란하신 데다가 적군의 세력이 위급하여 들어왔사옵니다."

하고, 구원병을 요청하는 조선 왕의 글을 올렸다. 천자가 보시고 크게 놀라시어 모든 신하를 모아 말씀하시기를,

"조선 국왕이 왜란을 만나 구원병을 청해 왔으니, 그대들의 뜻이 어

떠하오."

하시자, 좌승상 유필(柳畢)이 아뢰기를,

"지당하신 말씀이나, 지금은 농사철이므로 군사를 보내기가 어렵사
옵니다."

하자, 천자가 혼자서 임의로 결단치 못하여 허락하지 않으셨다.

성룡이 그저 돌아와 그 이유를 아뢰자, 임금님께서는 일령을 불러 말
씀하시기를,

"구원병을 요청하러 갔던 사신이 그냥 돌아왔으니 어찌할꼬."

하시자, 일령이 아뢰기를,

"전하께서는 근심하지 마시옵소서. 구원병은 스스로 올 것이옵니다."

하니, 임금님이 구원병이 오기만을 기다리셨다.

이 때, 왜장 평수길이 3만 군졸을 거느리고 경상 우도를 짓쳐 진주에
자리잡고 있었다.

이 때, 진주읍에 모란(牡丹)이라는 기생이 있었는데, 한갓 충성만 생
각하고, 한 가지 꾀를 생각해 내어 왜장 평수길을 데리고 촉석루*에 올
라가 잔치를 베풀고 즐겼다.

요란한 풍류 소리는 바람을 따라 공중에 가득하고, 불빛 같은 다홍
치마는 누 위에 비쳤는데, 향기는 십 리에 진동했다.

왜장이 아름다운 여자를 찾는 중에 술에 흠뻑 취해 있었다. 모란은
군졸이 없는 틈을 타서 거문고를 놓고, 섬섬옥수를 넌지시 들어 탁문군
의 봉이 황을 구하는 곡조를 타다 말고 춤을 추면서 다홍 치마를 걷어
올리고는 처량한 곡조와 슬픈 소리를 불렀다. 그 소리는 처량하여 단산
의 봉황이 우는 듯했다.

모란이 한갓 충성만 생각하여 생사를 돌아보지 않고 한평생 이름만

---

* 촉석루(矗石樓) 경상 남도 진주에 있는 누. 남강에 임한 벼랑 위에 자리잡은 단층 팔작집으
로 웅장함.

빛내고자 함을 누가 알았을 것인가. 그 모란의 태도는 사람의 정신을 아뜩하게 하여 간장이 녹는 듯했다.

평수길이 흥을 이기지 못하여 모란을 안고 칼춤을 추면서 즐길 즈음에 모란이 덥석 안고 촉석루 난간에 뚝 떨어져 만경 창파 깊은 못에 속절없이 죽었다.

왜장이 크게 놀라 바로 평수길의 시체를 건지고, 이어서 모란의 시체도 건져 놓고 군사를 몰아 급히 청정의 집으로 갔다.

이 때, 임금님이 구원병이 오기만 기다리고 있다가, 진주 목사로부터 장계가 왔기에 뜯어 보니, 거기에는

이전의 재상 이순신이 왜장을 대적할 때, 괴이한 묘책을 내어 한산도의 왜장을 무수히 죽였고, 성공하여 돌아오다가 왜장의 화살을 맞아 죽었으며, 진주읍의 모란이라는 기생이 있었는데, 다만 충성만 생각하고 왜장을 데리고 촉석루에 올라가 춤을 추다가 왜장을 안고 물에 빠져 죽었으니, 과연 이런 충성은 예전에는 없었던 일인 줄로 아옵니다.

라고 씌어 있었다.

임금님께서 보시고 크게 놀라고 칭찬하시기를,

"시절이 태평해지거든 순신은 충무공(忠武公)이라고 봉하여 서원을 지어 주고 봄가을에 제사를 받게 해 주라. 모란은 촉석루 앞에 비를 세워 충렬을 드러내 주라."

하고, 말씀하셨다.

이여송

명나라 천자께서는 구원병 사신을 그냥 보내고 밤낮으로 염려하셨다. 어느 날, 밤에 한 사람의 대장이 임금님 앞에 엎드려 아뢰기를,

"형님은 어찌 구원병을 보내지 않습니까."

하기에, 천자께서 크게 놀라시어 물어 보기를,

"그대는 귀신인가 사람인가. 어찌 나더러 형님이라 하는가."

장수가 말하기를,

"저는 촉한의 관운장이고, 형님은 유현덕(劉玄德)이 환생하여 천자가 되고, 장비(張飛)는 환생하여 조선 왕이 되고, 저는 미부인을 모시고 조조(曹操)에게 갔다가, 죄 없는 사람을 죽였으므로 환생하지 못하고 조선 지경을 지키고 있는데, 지금 왜적이 조선을 덮어 땅을 거의 다 뺏기고, 종묘 사직이 조만간 망하게 되어 있는데, 형님은 어찌 구원병을 보내지 않으십니까."

천자가 그 말을 들으시고 마음이 슬퍼서 크게 놀라 통곡하시고, 그 장수를 살펴보니 키는 9척이요, 손에 청룡도를 빗겨들고 봉의 눈을 부릅뜨고 삼각 수염을 거스르고 왔으니, 분명히 관운장이었다.

천자께서 용상에서 내려와 절을 두 번 하고 말씀하시기를,

"장군은 누구를 보내라는 말씀이오?"

운장이 말하기를,

"구원병은 80만만 보내고, 장수는 당나라 이여송*을 보내시면 왜적을 물리쳐 조선을 구하고 올 것입니다."

뜰 아래에 내려서서 말하기를,

"형님이 내 말을 안 들으시면 무사치 못할 것입니다."

---

* 이여송(李如松) 중국 명나라의 무장(?~1598). 임진왜란 때 병사 4만을 데리고 우리 나라에 출병하여 고니시 유키나가의 왜군을 무찌름.

하고, 문득 온데간데없었다.

천자는 크게 놀라 공중을 향하여 두 번 절하고, 이튿날 조회 때 여러 신하를 모아 의논하면서 말씀하시기를,

"짐이 간밤에 꿈을 꾸었는데, 관운장이 와서 이리이리하고 저리저리하여 구원병을 보내라고 하기에 구원병은 못 보낸다고 했으나, 그대들의 의견은 어떠시오."

신하들이 아뢰기를,

"운장은 본디 충절 있는 장수이니, 시키는 대로 하십시오."

천자가 바로 어명을 적어 익주에 내려보내어,

'군사 80만 명을 동원하라.'

하시고, 이여송을 불러 말씀하시기를,

"짐이 그대의 재주를 알고 있다. 조선에 나아가 왜놈을 물리치고 공을 세워 이름을 빛내고 들어오면, 이름을 역사책에 올려 대국의 1등 공신을 삼으리라."

하시자, 이여송이 엎드려 아뢰기를,

"신이 재주는 없으나, 조선에 나아가 왜적을 전멸시키겠사옵니다."

천자께서 크게 기뻐하시고, 대원수*에 대장 절월*을 주셨다. 이여송이 하직하고 물러나와 조선으로 떠날 때, 모든 신하들이 40리 밖에까지 나와 전송하면서 하는 말이,

"장군이 만리 밖의 조선에 나아가 큰 공을 세우고 들어오면, 그 공을 고맙게 여길 것이오."

하니, 이여송이 말하기를,

"조그마한 왜놈을 어찌 근심하겠는가."

---

* 대원수(大元帥) 군사 전체를 통솔하는 사람으로서의 원수.
* 대장 절월(大將節鉞) 대장임을 나타내는 깃발과 부월(도끼같이 만든 것으로 군령을 어기는 자에 대한 생살권을 상징).

하고, 익주로 가서 80만 대병을 거느리고, 여러 장수를 불러 소임을 맡기는데, 그 아우 이여백(李如栢)을 선봉으로 삼고, 이여오(李如梧)를 후군장으로 삼고 호령하여 말하기를,

"만일 군중에 태만한 자 있으면 군법으로 다스리겠다."

하고, 천리준총마를 타고 출발했다.

그 때, 머리에는 구룡 군관이요, 몸에는 홍황 단전복이요, 오른손에는 팔각도를 들고, 왼손에는 우모단수기를 들었는데, 황금빛이 나는 자줏빛으로 '대사마 대장군 이여송'이라고 씌어 있었다.

바로 출발하여 조선으로 향했다.

깃발과 창과 칼은 해와 달을 가리고, 북과 나팔과 아우성 소리는 천지를 뒤흔드는 듯했다.

물결이 출렁거리는 압록강을 건너와서, 미리 연락병을 시켜 이 사실을 조선 왕에게 알렸다. 그러자 조선 왕이 여러 신하를 거느리고 백 리 밖에 나와서 맞이할 때, 임금님이 자리잡고 앉은 후,

"장군이 황상의 명을 받자와 먼 길에 수고를 하시니, 과인의 마음이 불편하오."

하시니, 이여송이 말하기를,

"전하는 뜻밖에 왜란을 당했으니 오죽이나 근심이 되겠사옵니까. 황상의 명을 받들고 왔으나, 전하를 뵈니, 별로 도움이 될 것 같지 않사옵니다. 아무리 생각해도 도와 드리지 못하고 돌아갈까 하옵니다."

하는 것이 아닌가.

임금님이 근심하시면서 일령더러 이여송의 말을 낱낱이 말씀하시자, 일령이 아뢰기를,

"전하께서는 근심치 마십시오. 이여송 장군이 있는 뒤쪽에 칠성단*

---

* 칠성단(七星壇) 북두칠성을 모시는 단.

을 쌓으신 다음, 독을 머리에 쓰고 축문을 읽으시고 우시면 장군이 듣고 마음을 돌릴 도리가 있을 것이므로 그대로 하시옵소서."

임금님께서 바로 영을 내려,

"단을 쌓으라."

하시고, 단에 올라 독을 쓰고 슬피 통곡하시니, 이여송이 듣고 묻기를,

"우는 소리가 어디서 나느냐?"

군사가 보고하기를,

"조선 임금님께서 이 장군이 그저 회군하신다는 말씀을 듣고 우십니다."

하자, 이여송이 탄식하면서 말하기를,

"슬프다! 관상을 보니까 왕후의 기상이 아니었는데, 울음소리를 들으니 용의 울음소리가 분명하구나. 400년 사직이 넉넉하다."

하고, 바로 여러 장수들을 불러 소임을 맡기는데, 조선 장수들이 구름처럼 모여들었다.

평안도 평강의 김응서, 전라도 전주의 강홍립(姜弘立), 황해도의 김승태(金勝台), 함경도의 유홍수(柳弘守), 강원도의 백철남(白鐵南), 경기도의 문두황(文頭黃) 등, 여러 사람들이 모여드니, 모두가 범 같은 장수였다. 각각 갑옷과 투구를 갖추고 이여송을 찾아가자, 이여송이 보고 칭찬하여 말하기를,

"조선 같은 작은 나라에 저러한 영웅 호걸이 많은데 어찌 요란하지 않겠는가?"

하고, 그들의 재주를 보기 위해서 높은 깃대 끝에 황금 1만 냥을 달아 놓고 말하기를,

"여러 장수 중에서 저기 달린 황금을 떼어 오는 자 있으면 선봉을 삼겠소."

하자, 여러 장수가 명을 듣고 나더니, 한 장수가 내달아 춤추면서 몸을

날려 솟구쳐 황금을 철퇴로 치자 황금이 떨어졌다. 또 한 장수가 내달아 몸을 솟구쳐 남은 황금을 떼어 가지고 들어왔다.

이여송이 묻기를,

"그대는 성명을 뭐라 하오. 또 먼저 뗀 장수도 성명을 뭐라 하오."

장졸이 대답하기를,

"먼저 장수는 김응서요, 두번째 뗀 장수는 강홍립입니다."

하자, 응서를 선봉으로 삼고, 홍립을 후선봉으로 삼고, 유홍수를 좌익장으로 삼고, 백철남을 우익장으로 삼고, 김일관(金一官)을 군량장으로삼고, 나머지 여러 장수는 모두 후군장으로 삼아, 여러 장수가 군사를몰아 강원도 왜장 청정의 진으로 향했다.

이 때, 임금님께서는 유성룡을 불러 말씀하셨다.

"조선 군사와 명나라 군사의 군량장을 맡아 실어 나르라."

이 때, 이여송이 말하기를,

"좋은 술 1,000독만 내일 식전에 가져오라."

하니, 응서가 대답하고 나와서 군중에게 전령하되, 땅 밑을 깊이 파고 술1,000독을 해서 묻고, 그 위에 백탄을 밤새도록 피우게 했다. 그리하여 그이튿날 술 1,000독을 가져가자, 이여송이 보고 칭찬하여 말하기를,

"조선에도 명인이 있구나."

하고, 또 말하기를,

"내일 아침에 용탕을 가져오라."

하자, 응서가 능히 대답하고 나와서 서쪽 하늘을 바라보고 슬피 우니,어떤 용이 시냇가에 죽어 있었다. 바로 용탕을 지어 올리니, 이여송이또 말하기를,

"소상 반죽* 젓가락을 가져오라."

| * 소상 반죽(瀟湘斑竹) 중국에서 나는, 줄기 겉에 얼룩점이 있는 대나무.

하자, 응서가 대답하고 나와서 전하께 아뢰니, 임금님께서 말씀하시기를,

　"예전에 어떤 신하가 훗날 쓸 일이 있다 하고 전해져 내려오는 것이 있으니, 급히 가져가라."

하시자, 응서가 듣고 이것을 가져다가, 이여송이 칭찬하여 말하기를,

　"천재로다, 천재로다! 이런 사람은 세상에 없다."

하고, 또 말하기를,

　"내일 아침 일찍 백마 100필을 가져오라."

하니, 응서가 능히 대답하고 군중에 전령하기를,

　"분칠도 하고 흰 가루 칠도 하여 백마 100필을 만들어라."

하니, 이여송이 껄껄 웃으면서 말하기를,

　"임기응변*이라도 저렇듯 하니, 어찌 그대의 재주가 없겠는가."

하고, 유성룡을 군량장으로 삼아 군량을 배로 실어 나르게 하고, 청정의 진으로 향했다.

　이 때, 청정이 강원도 원주 성 안에 버티고 있었는데, 군사가

　"이여송이 군사를 거느리고 온다."

고 보고했다.

　청정이 크게 놀라 각 도에 흩어져 있는 장졸을 거두니, 명장이 800이요, 정병이 10만여 명이었다. 청정이 북을 울리면서 방포 소리 한 번 울리자 8만 군사가 진을 쳤다.

　이여송이 원주에 이르러 적진을 살펴보니, 진세를 가히 알 만했다. 이여송이 북을 치면서 싸움을 돋우자, 적진에서 장수 한 명이 내달아,

　"명나라 장수 이여송은 들어라. 우리 대왕께서 조선을 거의 다 얻었는데, 너는 무슨 재주 있기에 망하게 된 조선을 구하고자 하여 우리를 치려 하느냐. 네 진중에 나의 적수가 있거든 빨리 나와 내 칼을 받

---

* 임기응변(臨機應變) 그때 그때의 형편에 따라 알맞게 일을 처리함.

아라."

하고 외치자, 선봉인 응서가 말을 타고 나가서,

　"우리 진중에 영웅 호걸이 구름 모이듯 했거늘, 너는 어찌 죽기를 재촉하느냐."

하고, 싸워 30여 합에 이르러 응서의 칼이 번득하는 순간에 왜장 마원태(馬元台)의 머리가 땅에 떨어졌다. 응서가 칼끝에 꿰어 들고 좌충 우돌하자, 적진에서 마원태의 죽음을 보고 번개같이 날랜 장수 5명이 내달아,

　"조선 장수 김응서는 어찌 우리 장수를 죽이느냐."

하고, 외치면서 천둥같이 달려왔다.

　응서는 말머리를 돌려 우레 같은 소리를 지르면서 한 칼로 5명의 장수를 대적했으나 10여 합에 이르러 기운이 다 빠져 본진으로 돌아오려고 했다.

　청정은 5명의 장수가 응서를 잡지 못하는 걸 보고, 분기가 충천하여 벽력 같은 소리를 지르고 방포 소리를 내더니, 방패를 가지고 명천검을 들어 응서의 말머리를 내리치자 말이 엎드러졌다. 응서의 급함이 한순간에 달려 있었다.

　이여송이 이를 보고 크게 놀라, 명나라 장수 3명에게 명하여 급히 구하게 했다. 응서는 본진으로 돌아와 이여송에게,

　"장군의 명령이 아니었더라면 어찌 소장이 목숨을 보전했겠습니까."

하고, 이여송의 말을 얻어 타고 급히 들어가 싸우니, 명나라 장수는 9명이요, 왜장은 5명이었다.

　양쪽 진영의 북 소리, 나팔 소리, 함성 소리는 천지를 진동하고, 번쩍거리는 칼빛은 하늘을 뒤덮었다.

　산 속의 사나운 호랑이가 다투는 듯하고, 푸른 바다 속에 잠긴 용이 굽이치는 듯했다.

10여 합에 이르러 적장의 칼이 번득이더니, 명나라 장수 이여오의 머리가 떨어지고, 조선 장수 강홍립의 칼이 번득이며 왜장 한일천의 머리가 떨어지고, 김일관의 칼이 번득이며 왜장 한업(韓業)의 머리가 떨어지고, 김승태의 칼이 번득이며 왜장 문경의 머리가 떨어졌다.

　청정은 5명의 장수의 죽음을 보고 분기를 이기지 못하여 말에 올라 나는 듯이 내달아 우레같이 소리를 지르면서,

　"명나라 장수는 무슨 일로 나의 버금 장수들을 다 죽였는가."
하고, 달려들었다.

　바라보니 키는 9척이요, 1백 근 투구를 쓰고, 몸에는 구리 갑옷을 입고, 오른손에 1백 근 철퇴를 들고, 왼손에 1백 근 명천검을 들고, 한 자나 되는 입을 벌리고 달려들어 30여 합에 청정의 칼이 번득이며 명나라 장수 태경의 머리가 떨어졌다.

　이여송이 명나라 장수가 죽는 것을 보고 말을 타고 나가서 하는 말이,

　"적장 청정은 어찌 나의 버금 장수를 죽였느냐. 너의 근본을 들어 봐라. 네놈들이, 옛날에 진시황(秦始皇)을 속이고, 소년과 소녀 5백 명을 거느리고 들어가 그 씨를 퍼뜨리게 해서 황제라 하고, 사나운 것만 믿고 조선 같은 예의의 나라를 침범하니, 어찌 분하지 않겠는가. 너는 나를 당하지 못하거든 내 칼을 받아라."
하는 소리에 천지가 진동했다.

　청정이 듣고 크게 노하여 외치기를,

　"조선을 거의 다 빼앗은 판에 너는 구원병으로 와서 어찌 나를 당하겠는가."
하고, 명천검으로 이여송을 대적코자 하니, 북 소리, 나팔 소리, 아우성 소리는 천지에 진동하여 하늘이 무너지고 땅이 갈라지는 듯했다. 10여 합에 승부를 결정하지 못하고, 청정이 기운이 다 빠져 말머리를 돌려

본진으로 들어가려고 하자, 명나라 장수 7명이 합세하여 청정을 쫓아가면서 호통하는 중에, 청정이 앞쪽을 바라보니 억만 대병이 내달아 길을 막고 있는데, 한 대장이 외치기를,

"함부로 조선을 빼앗으려 했으니, 어찌 천신인들 무심하겠느냐. 청정은 달아나지 말고 내 칼을 받아라."

했다.

청정이 눈을 들어 보니, 얼마 전에 보았던 관운장이었다. 크게 놀라 운장을 상대하여 10여 합에 기운이 다 빠져 칼빛이 점점 둔해졌다. 명나라 장수 7명이 달려들어 싸우니, 청정이 그물에 든 고기요, 쏘아 놓은 범 꼴이었다.

이여송의 칼이 공중에서 번개 되어 구름과 안개 속에서 빛나더니, 청정의 머리가 칼빛을 따라 떨어졌다. 청정의 용맹이 속절없이 죽으니, 천신도 애닯구나.

응서가 달려들어 칼끝에 꿰어 들고 본진에 돌아와 춤추면서 이여송에게 말하기를,

"장군의 용맹은 왜국에 진동하고 천추 만대에 전해질 것입니다."

했다.

이 때, 전라도에 갔던 동철(同鐵)이며, 충청도에 갔던 마웅태(馬雄台)며, 함경도에 갔던 봉철(鳳鐵)이 일시에 진을 거두고 청정의 진에 합세하려고 하다가 청정이 죽었다는 말을 듣고 크게 놀라 일시에 달려들어 외치기를,

"명나라 이여송과 조선 장수 김응서와 강홍립은 어찌하여 우리 대장을 죽였느냐. 우리들이 네 머리를 베어 우리 대왕께 바쳐 원수를 갚겠다. 달아나지 말고 내 칼을 받아라."

하니, 이여송이 듣고 분기를 이기지 못하여 칼을 들고 내닫고자 하자, 응서와 홍립이 말리며 말하기를,

"장군은 노여움을 참으십시오. 우리가 나가서 왜장을 베어 장군의 노
여움을 풀겠습니다."

하고, 일시에 나가서 벽력같이 외치기를,

"너는 김응서와 강홍립을 아느냐 모르느냐. 두렵지 않으면 빨리 나와
서 우리 칼을 받아라."

하자, 왜장이 일시에 달려들어 12합에 응서의 칼이 허공 속에 번개 되
어 마웅태를 치니, 머리가 땅에 떨어졌다.

문경이 크게 놀라 말하기를,

"적장은 어찌 우리 장수를 해쳤느냐. 내 맹세코 너를 죽여 우리 장수
의 원수를 갚겠다."

하고, 달려나와 10여 합에 이르렀을 때, 응서와 홍립이 거짓으로 패하
여 본진으로 향하자, 문경이 분기를 이기지 못하여 크게 외치기를,

"너는 잔말 말고 내 칼을 받아라."

하고, 급히 쫓아왔다.

응서와 홍립은 본진에 들어와 방포 소리 한 번 울려 세 겹으로 오행
진을 굳게 치니, 나는 제비라도 벗어날 길이 없었다. 왜장 문경이 진중
에 들어와 벗어날 길이 없어 하릴없이 주저하는 걸 보고, 응서가 달려
들어 문경의 말머리를 쳤다.

말이 엎드러지자, 문경을 사로잡아 장수의 지휘대 아래 꿇어앉히고
죄를 물어 말하기를,

"네가 감히 예의의 나라를 침범하느냐."

하니, 문경이 살려 주기를 애원하면서 항복한다고 애걸하자, 이여송이
호령하여 말하기를,

"이놈! 천륜을 모르고 외람된 뜻을 두어 예의의 나라를 침노했느냐.
조선에 영웅 호걸이 구름 모이듯 하여 너의 대장 청정과 소서며 평수
길도 우리 칼에 혼백이 되었는데, 네놈은 방자하여 분수에 넘치는 뜻

을 품었으니, 두렵지 않으냐. 그럴수록 더욱더 방자해져서 감히 내 진중에 들어왔느냐. 이제 네 목을 벨 것이로되, 이미 항복했기에 그냥 놓아 보내는 것이니, 빨리 돌아가 앞으로는 다시는 도리에 벗어나는 마음을 품지 마라."

하고, 돌려보냈다.

진을 파하자, 왜인의 시체가 태산 같고, 피가 흘러 강물이 되었다.

이여송이 칭찬하여 말하기를,

"조선 임금님께서 벌써 저러한 영웅을 두었구나."

하고 감탄했다.

이 때, 임금님께서 전장의 소식을 고대하던 중에 승전했다는 보고문을 보시고 기뻐 마지않으시며, 일령을 불러 말씀하시기를,

"군량이 다 떨어져 가니, 어찌하리요."

일령이 아뢰기를,

"평안도 삭주 땅에서 사는 김수업(金守業)이라는 부자가 있는데, 곡식이 26만 석이 있다 하옵니다. 수업을 불러들여 군량을 대게 하시옵소서."

했다.

임금님이 수업을 오라고 하시자, 수업이 어명을 받들어 엎드려 절을 하자, 임금님께서 말씀하시기를,

"군량이 다 떨어졌으니, 네 곡식을 가져다 쓰고, 시절이 태평해지거든 갚고자 한다."

하시자, 수업이 아뢰기를,

"제 곡식이 곧 전하의 곡식이옵다. 쓰실 대로 쓰시기 바라옵니다."

했다.

임금님께서 바로 수업을 군량장으로 삼아 군량을 배로 실어 나르게 하고, 단을 쌓고 100리 밖에 나가서 이여송을 맞으셨다.

이여송이 군사를 거두어 회군하고, 명나라의 군사를 조사해 보니, 30만 대병이 죽고, 장수 100여 명이 죽었다. 이여송이 탄식하면서 말하기를,

"부모 처자, 일가 친척을 다 버리고 만리 타국에 나와 전장의 외로운 혼백이 되었으니 가련하다, 불쌍하다."

하고, 바로 밥을 지어 모든 귀신을 위로하기 위해서 이렇게 말했다.

"너희들 혼백은 들어라. 부모와 동생, 처자를 이별하고 만리 타국에 왔다가 배도 오죽이나 고플 때 있었으며, 슬픈 마음도 오죽이나 있었으랴. 고국을 생각하다가 전장 혼백이 되었으니, 불쌍하고 가련하기에 밥을 지어 위로하니, 배부르게 먹어라."

이 때는 정유년(선조 30년, 1597년) 3월이었다. 이여송의 철비를 세워 천추에 전해지게 하고, 홍비단 100필로 승전기를 만들어 세우고 승전고를 울리며 토곡성에 들어와 임금님께 인사를 했다. 임금님께서는 크게 기뻐하시고, 큰 잔치를 벌여 즐기게 하셨다.

이 때, 친히 잔을 잡아 이여송에게 권하시니, 이여송이 고개를 숙이고 엎드려 칭송했다.

그리하여 잔치를 파하고 이여송이 이여백을 중군으로 삼아 군사를 거느리고 명나라로 돌아가게 하고, 무사 100여 명을 거느리고 각 읍으로 다니면서 명산 대천의 혈맥*을 다 자르고 나더니,

"조선 같은 한쪽에 치우쳐 있는 작은 나라에 영웅 호걸이 많기 때문이다."

하고, 말했다.

---

* 혈맥(穴脈) 산의 정기가 일정한 방향으로 뻗어 가는 줄기.

김덕령

임금님이 여러 신하와 군사를 거느리고 태평곡을 울리게 하면서 대궐로 돌아오시고, 문무 신하들에게 차례로 벼슬을 주셨다.

최일령을 태부*로 삼으시고, 강홍립을 선봉으로 삼으시고, 유성룡을 우의정으로 삼으시고, 유홍수를 금부도사로 삼으시고, 문두황을 부원수로 삼으시고, 정태경(鄭台京)을 도승지로 삼으시고, 한성록을 판서로 삼으시고, 김칠원(金七遠)을 어영 대장으로 삼으셨다.

나머지 여러 장수는 각도 각읍의 방백*·수령에 봉하시고, 백성의 조세를 3년간 탕감해 주시고, 각도에 학업과 검술을 숭상하니, 나라가 태평하고 풍년이 들어, 노소 백성이 어디서나 격양가*를 불렀다.

정출남을 충렬공이라 하시고, 서원을 짓고, 봄과 가을에 제사를 지내게 하셨다.

이 때는 무술년(선조 31년, 1598년)이었다. 김덕령(金德齡)의 소문을 들으시고, 금부 도사에게 명령하여,

"덕령을 잡아 올려라."

하셨다.

도사가 어명을 받들고 내려가 덕령을 보고 왕명을 전했다. 덕령이 보고 크게 놀라, 어머니에게 들어가 그 연유를 알리니, 그 어머니와 아들 간의 정에서 우러나는 슬픔을 어찌 다 헤아리겠는가.

덕령이 하직하고 나오자, 도사가 철망을 씌워 끌고 가는데, 철원 땅에 이르러서 덕령이 도사더러 말하기를,

"여기서 친한 사람이 살고 있는데, 잠깐 보고 가는 게 어떻겠소."

---

* 태부(太傅) 왕세자의 스승. 태사의 아래.
* 방백(方伯) 관찰사.
* 격양가(擊壤歌) 풍년이 들어 농부가 태평한 세월을 즐기는 노래.

도사가 말하기를,

"공에는 사정이 없으니, 어찌 잠시인들 놓아 보낼 수 있겠는가."

하자, 덕령이 꾸짖어 말하기를,

"아무리 왕명이 엄하신들 잠깐 사정이야 없겠는가?"

하고, 몸을 요동치니, 철망이 썩은 새끼 떨어지듯했다.

덕령은 칼을 들고 공중에 솟구쳐 십여 장이나 넘는 나무 끝을 번개같이 다니면서 나무를 무수히 베어 버리니, 도사가 아무 말도 못 하고 구경만 하고 있을 뿐이었다.

문득 공중에서 한 사람이 내려와 덕령의 손을 덥석 잡고 말하기를,

"내가 그렇게 된다 하지 않더냐. 죽을 환란을 당했으니, 바삐 가서 천명을 순순히 받아라. 누구를 원망하며 누구를 한탄하겠느냐. 이제 운수가 불길하여 이런 환란을 당했으니, 나는 다시 세상에 나오지 않겠다. 내가 그대를 위하여 입신 양명을 하려고 했더니, 성공치 못하고 비명에 죽게 되니, 내 마음이 도리어 슬프구나."

하고, 온데간데없었다.

덕령이 도로 철망을 쓰고 전하를 뵈니, 임금님께서 말씀하시기를,

"너는 어찌 큰 환란을 당하여 시절이 불안한데, 나라를 받드는 것이 고금에 당연한 일이거늘, 너는 무슨 뜻으로 나라를 돕지 않고 도적의 진중에 들어가 술법만 베풀고, 종묘 사직이 조만간 망하게 되어도 끝내 돕지 않았느냐."

하시고, 무사에게 명하여,

"내어다 베라."

하시니, 무사가 일시에 달려들어 덕령을 치니, 칼이 덕령은 맞지 않고 세 동강이 났다. 무사들이 크게 놀라 그 연유를 임금님께 아뢰자,

임금님께서 크게 노하시어,

"큰 매로 쳐라."

하시니, 덕령이 아뢰기를,

"신이 죄는 없으나, 전하께서 신을 죽일 마음이 계시거든 '만고 효자 충신 김덕령'이라 현판에 새겨 주시면 신이 죽되, 그렇지 않으면 한이 될 것입니다."

하자, 즉시 어명을 내려 현판에 새기게 하시고,

"죽이라!"

하시니, 덕령이 아뢰기를,

"신은 그저는 죽지 않으니, 왼쪽 다리 아래에 비늘이 있으니, 비늘을 떼고 치시면 죽을 것입니다."

했다.

무사들이 일시에 달려들어 비늘을 떼고 한 번 치자, 그제서야 죽었다. 임금님께서 덕령의 죽음을 보시고 시신을 본가에 보내게 하셨다.

슬프다! 덕령의 어머니가 덕령을 한성에 보내고 밤낮으로 슬퍼하더니, 하루는 덕령의 죽은 시신이 왔다고 하자, 내달아 덕령의 시신을 안고 뒹굴면서 얼굴을 한데 대고 슬피 통곡하며 말하기를,

"이것은 너의 죄가 아니다. 내가 보내지 않은 죄로구나! 다만 어미와 아들이 있어서 서로 의탁하고 세월을 보내더니, 이렇듯 죽었으니, 나 혼자 살아서 누구를 의탁해 살 것인가."

하며 슬피 통곡하였다. 애처로운 울음소리가 원근에 사무쳐 가득하니, 누가 슬퍼하지 않을 것인가. 선산 아래에 안장했다.

김응서 · 강홍립

임금님께서 여러 신하를 모아 의논하시기를,

"왜장이 다 죽었으니, 부자지국*이라는 항복 문서를 받지 않으면 후

환이 될 것이니, 군사를 징발하여 다시 왜국에 들어가 항복 문서를
받으면 어떤가."

하시자, 여러 신하가 아뢰기를,

"지당하신 말씀이옵니다."

하니, 임금님께서 바로,

"김응서(金應西), 강홍립(姜弘立)을 보내라."

하셨다.

그런데 서로 선봉을 다투는 걸 보시고 임금님께서 말씀하시기를,

"선봉 제비를 짚으라."

하시니, 홍립이 선봉에 치었다.

홍립과 응서가 군사 20만을 거느리고 바로 출발할 때, 임금님께서
두 장수의 손을 잡으시고 말씀하시기를,

"그대들을 만리 타국에 보내고 한시라도 염려할 것이니, 그대들은 충
성을 다하여 일본에 들어가 남을 쉽게 여기지 말고 공을 세워 돌아오
오."

하시니, 두 장수는 어명을 받들고 하직한 다음 나와서 행군하는데, 호
령이 추상 같고 군령이 엄숙했다.

이 때는 무술년 10월이었다.

삼남을 지나 동래에 가서 배를 타고 떠날 때, 응서의 진 뒤에서 크게
외쳐 말하기를,

"장군은 잠깐 군사를 정지시키고 내 말을 들으시오."

하기에 놀라서 돌아보니, 어떤 사람이 옷도 벗고 신도 벗고 군중에 들
어와 인사를 했다.

응서가 묻기를,

---

* **부자지국(父子之國)** 조선은 아버지의 나라, 일본은 아들의 나라라는 말.

"그대는 어떤 사람이기에 진중에 들어와서 무슨 말을 하려고 하는가."

하자, 그 사람이 말하기를,

"나는 조선 땅에서 사는 왜덕강이라는 귀신이오. 장군님이 군사를 급히 행군하시기에 왔소. 군사를 사흘만 멈췄다가 가면 반드시 공을 이루겠지만, 급히 가면 크게 패할 것이오."

하고, 문득 사라지고 없었다.

응서는 크게 괴이하게 여겨 홍립더러 말하기를,

"군중에 괴이한 일이 있으니, 사흘만 지체했다가 가는 게 어떻겠소."

하자, 홍립이 말하기를,

"군중에는 사정이 없다 하니, 이 많은 군사를 어떻게 지체시킨단 말이오."

하고, 북을 쳐서 군사를 지휘하고 가니, 또 귀신이 와서 하늘을 우러러 탄식하면서,

"장군을 위해서 한 말인데, 끝내 듣지 않으니 화를 면치 못할 것이오."

하고, 탄식했다.

응서가 꽹과리를 쳐서 군사를 거두려고 하자, 홍립이 크게 노하여 말하기를,

"장군은 병법을 아는가 모르는가. 병법에 '겉보기에 허술한 듯 보이면 실제로는 속이 충실하고, 충실한 듯이 보이면 실제로는 속이 허술하다.'고 했으니, 나는 군중의 지휘관이요, 그대는 나의 부관이오. 어찌 내 말을 듣지 않는가?"

하자, 응서가 탄식하면서 말하기를,

"장군은 만일 갔다가 무슨 일이 있어도 나를 원망하지는 마오."

하고, 행군하여 여러 날 만에 일본 땅에 올라 동설령에 이르렀다.

이 때, 왜장이 대병을 일으켜 조선에 나왔다가 몰살당했음을 생각하고 분기를 이기지 못하여 군사를 밤낮으로 훈련시키고 있었다.

어느 날, 하늘에 나타나는 조짐을 관찰해 보니, 조선의 수많은 군사가 왜국을 해치려고 하자, 여러 장수들을 모아 놓고 의논하기를,

"내가 하늘의 조짐을 보니, 조선 대병이 우리 나라를 침범하려고 하니, 방비를 잘 하라."

하고, 영광도의 팔락(八樂)에게 명령을 내리고 군사 2만을 주면서 말하기를,

"그대는 군사를 거느리고 가서 동설령에 매복하고 있다가 적병이 오거든 일시에 달려들어 치고, 만일 적병이 지나가지 않거든 회군하라."

했다.

팔락이 명령을 받고 군사를 거느리고 동설령 좌우편에 숨어 있었다.

선조 임금이 왜국에 들어갈 때, 응서와 홍립에게 말씀하시기를,

"동설령은 험하여 군사가 들어갈 수 없을 것이다."

하자, 홍립이 의심치 않고 군사를 재촉하여 동설령으로 향하는데, 복병이 내달아 치지 않는가.

만 리나 먼 길을 오느라고 기운이 다 빠졌으니, 왜군을 어찌 당해 낼 수 있겠는가.

홍립과 응서는 불의의 난을 당하여 미처 군사를 수습하지 못하다가 20만 대병이 몰살당하고 말았다.

그러자 주검이 태산 같고, 피는 흘러 내를 이루니, 응서가 하늘을 우러러 탄식하면서 말하기를,

"만리 타국에 들어와 20만 대병이 몰살당했으니, 본국으로 들어간들 무슨 낯으로 전하를 뵐 것인가. 여기서 군사와 마찬가지로 죽는 것이 낫겠다."

하고, 홍립을 꾸짖어 말하기를,

　"이것이 뉘 탓이냐. 장군의 탓이다."

하며, 하늘을 우러러 탄식하고 말하기를,

　"밝은 하늘은 살펴 주소서!"

했다.

　이 때, 왜장 홍대성(洪大成)이 왜왕에게 아뢰기를,

　"조선 장수가 군사를 모조리 죽였으니, 이제 장수를 모아 놓고 검술
　로 조선의 장수를 죽입시다."

하니, 왜왕이 즉시 영광도의 팔락에게 명을 내려 말하기를,

　"임진년 원수를 갚고자 하니, 그대들은 힘을 다하여 원수를 갚으라."

하니, 팔락과 홍대성이 명령을 받들고 나왔다. 두 장수의 검술은 옛날
초패왕이라도 당하지 못한다고들 말했다. 즉시 백사장에 나와서 진을
치고, 두 장수가 나서면서 외쳐 댔다.

　"적장은 오늘날 검술로 결단하자."

　응서는 이 말을 듣고 분기를 이기지 못하여 적장과 검술로 결단을 내
려고 하자, 홍립이 만류하면서,

　"적장의 검술은 천인* 같다고 하니, 장군은 당하지 못할 것이오. 어
　찌 승부를 다투려고 하오."

하고 말했다.

　응서는 더욱더 분기를 이기지 못하여 홍립을 꾸짖어 말하기를,

　"저런 것이 장수라 하고 나와서 지껄이고 있으니, 어찌 우습지 않겠
　는가."

하고, 10척 장검을 들고 외치기를,

　"적장은 물러서지 말고 가까이 오라!"

＊ 천인(天人) 하늘의 신선처럼 능력과 재주가 뛰어난 사람.

하니, 적장이 의기 양양하게 나오는 걸 보고, 응서가 크게 꾸짖어 말하기를,

"너는 우리에게 군사가 없음을 우습게 여기느냐?"

하고, 칼춤을 추면서 달려들어, 재주가 없는 것처럼 눈을 반만 감고 서 있었다.

그러자 적장 두 명이 칼춤을 추면서 달려들어 응서의 몸을 자주 범했다.

응서가 칼을 놓고 손을 넌지시 들어 춤을 추니, 적장들이 이 기회를 타서 칼이 자주 들락날락했다.

응서는 기운을 돋우어 벽력 같은 소리를 지르면서 우레같이 달려들어 적장의 칼을 빼앗은 다음, 공중에 솟구쳐 올라 나는 듯이 두 장수를 치니, 두 장수의 머리가 일시에 떨어졌다. 응서는 눈을 부릅뜨고 왜장을 불러 말하기를,

"너희놈이 우리 군사 없음을 경솔히 여겨 감히 희롱하느냐. 방자함이 이렇듯 심하니, 한 칼로써 너를 없애고, 너의 임금을 베어 우리 전하께 바치겠다."

하자, 왜왕이 듣고 크게 놀라, 여러 신하를 모아 놓고 의논하기를,

"조선 장수의 재주를 보건대, 묘한 방법이 없으니 어찌할 것인가?"

하자, 여러 신하가 말하기를,

"팔락과 홍대성의 검술을 당할 자는 없을 거라고 생각했는데, 이제 적장 응서의 재주를 보니, 우리 나라에는 저런 장수가 없을 것이옵니다. 그러니 적장을 달래어 친화를 하는 것이 좋을 것 같사옵니다."

왜왕이 그 말이 옳다고 여기고, 바로 사신을 보내어 응서와 홍립을 오라고 청했다.

이 때, 응서는 적장을 베어 들고 본진에 들어가 있었다.

어떤 사람이 와서 편지 한 장을 올리기에 받아 보니,

그대는 과인의 나라에는 역적이요, 그대 나라에는 충신이다. 어찌 남의 충신을 해치겠는가. 오늘날 술자리를 베풀고 같이 놀기를 바라오.

고 씌어 있었다.

홍립이 응서를 돌아보고 말하기를,

"이제 왜왕이 우리를 해치고자 하니 어떻게 하겠소?"

하자, 응서가 말하기를,

"장군은 무슨 뜻으로 그런 말을 하오. 어쨌든 나는 결말을 보겠소."

하고, 사신을 따라갔다.

왜왕이 반가이 나와 인사를 한 후에 말하기를,

"과인의 나라가 이 지경이 되었으니, 어찌 시끄럽게 하겠소. 조선과 화친을 맺고자 하오. 임진년에 외람된 마음을 냈더니, 하늘이 밝으시어 70만 대병을 잃었고, 또 과인이 밝지 못하여 하늘을 거역하여 동설령에 매복시켜 장군을 치게 했더니, 장군은 천하의 영웅이요 만고의 충신이라 하니, 20만 대병을 잃고 무슨 면목으로 본국에 돌아가 전하를 뵙겠소. 차라리 과인을 도와 벼슬을 하고 행복을 누림이 어떠한고?"

응서와 홍립이 대답을 못 하고 있자, 왜왕이 말하기를,

"옛날, 한신(韓信)은 천하의 영웅이로되, 초나라를 배반하고, 또 초나라를 멸하였으나, 세상이 다 그르다고 하지는 않는다 하니, 장군은 깊이깊이 생각하오."

응서와 홍립이 서로 돌아보면서 대답을 안 하자, 왜왕이 다시는 말을 하지 않고, 대접을 극진히 해 주었다.

왜왕이 여러 신하를 모아 놓고 의논하기를,

"응서의 마음이 철석 같으니, 어찌해야 그 마음을 감동시킬 수 있겠는가."

여러 신하가 아뢰기를,

"전하는 두 장수의 마음을 안정시키고 각별히 접대하시면 저도 생각하는 도리가 있을 것입니다."

하니, 왜왕이 옳게 여기고 큰 잔치를 베풀어 두 장수를 초청해 놓고 즐겼다.

왜왕이 잔을 들어 권하면서,

"장군이 만 리 타국에 들어와 마음을 돌릴까 해서 술을 권하오."

하고, 말하더니,

"내가 조용히 할 말이 있으니 허락하겠소?"

응서가 대답하기를,

"왕은 말씀을 하시오."

왜왕이 말하기를,

"과인의 누이가 있는데, 나이가 15세요, 인물과 태도는 서시*나 양귀비*라도 미치지 못할 것이요, 재주와 덕행은 천하에 제일 가기에 영웅을 구하고 있었더니, 이제 김 장군을 배필로 정하고자 하는데, 장군은 허락하기 바라오."

하고,

"또, 공주의 나이 15세인데, 강 장군을 사위로 삼고자 하니, 홍립은 사양 말고 허락하오."

홍립은,

양귀비

* 서시(西施) 중국 춘추 시대의 미인.
* 양귀비(楊貴妃) 중국 당나라 현종의 비(719~756).

"패한 장수를 위하여 달빛 같은 옥낭자를 허락하시니, 평생 동고동락할 사람을 어찌 사양하겠습니까?"

하고, 대답했다.

응서는 심사가 불편하기는 했지만, 마지못하여 허락하게 되었다.

왜왕이 크게 기뻐하여 바로 좋은 날을 잡아 혼례식을 거행하는데, 신부의 찬란한 모양과 신랑의 황홀한 모양을 어찌 다 헤아릴 수 있을 것인가.

세월이 흐르는 물과 같아서, 왜국에 들어온 지 벌써 3년이 되었다. 어느 날, 밤중에 가을 달빛이 창 밖에 은은히 비치어, 사람의 정신을 우수에 잠기게 했다.

그 때, 응서는 홍립더러 말하기를,

"홍립! 그대는 나와 만 리 타국에 들어와서 죽고 삶을 같이하기로 금석같이 언약하고, 임금님의 분부를 받아 훗날을 보자고 했었는데, 이제 이 지경을 당했으니, 장군은 어찌하려 하시오."

하자, 홍립은 낯빛을 바꾸면서 말하기를,

"부귀 영화를 누립시다."

하고 나서,

"왜왕이 우리를 극진히 대접해 주니, 차마 돌아갈 마음이 없소."

하자, 응서가 홍립의 말을 듣고 분기를 이기지 못하여 버럭 화를 내어 말하기를,

"옛 책에 '충신은 두 임금을 섬기지 않고, 열녀는 두 지아비를 섬기지 않는다.'고 했으니, 나는 왜왕의 머리를 베어 가지고 고국에 돌아가 전하께 드리고 남의 웃음을 면하겠소."

했다.

홍립이 부끄러워 대답하지 못하고 끝내 고국에 돌아갈 뜻이 없어, 왜왕더러 응서가 한 말을 낱낱이 하니, 왜왕이 듣고 화를 내어 모든 신하

를 모아 놓고 의논하고 나서, 응서를 잡아들여 꾸짖어 말하기를,

"그대를 위하여 벼슬을 내려 주고 마음을 위로해 주었거늘, 무엇이 부족하여 나를 해치고자 하느냐. 나를 버리고 고국에 돌아가 네 임금을 섬기는 것은 충성이려니와, 무슨 뜻으로 나를 해치려고 하느냐. 너를 죽여 후환을 없애겠다."

하고, 무사를 시켜,

"죽이라!"

했다.

응서는 눈을 부릅뜨고 왜왕을 꾸짖어 말하기를,

"네가 하늘의 운수를 모르고 강포한 것만 믿고 외람된 뜻을 두었으니, 네 머리를 베어 우리 전하의 분함을 덜까 했더니, 하늘이 도와 주지 않고, 또 강홍립의 간교한 꾀에 빠져 여기서 죽게 되니, 슬프구나, 슬프구나. 우리 임금님을 배반하고 여기 온 후에 3년이 되도록 성공하지 못했으니, 지하에 들어간들 불충한 죄를 어찌 면하겠는가?"

하고,

"홍립을 벤 후에 뒷일이 어찌 되는지 지켜보겠다."

하고,

"만 리 타국에 와서 죽으니, 천지도 무심하구나. 지하에 들어가서 우리 전하를 뵙고 나서 원한을 풀겠다."

하고, 칼을 들어 홍립을 치니, 머리가 땅에 떨어졌다. 응서는 하늘을 우러러 탄식하며 말하기를,

"밝은 하늘은 살피소서! 조선 장수 김응서는 임금님의 명을 받들어 만 리 타국에 와서 성공하지 못하고 이 곳에서 죽게 되었으니, 밝은 하늘은 살피소서!"

하며, 무수히 통곡하다가 제 칼로 목을 벴다.

그러자 응서의 말이 제 장수가 죽는 것을 보고 달려들어 머리를 물고

날아가는 용처럼 천리 바다를 건너 와서 평양을 바라보고 화살같이 달려갔다.

이 때, 응서의 부인은 낭군을 만리 타국에 보낸 지 이미 3년이 되도록 소식을 몰라 밤낮으로 소식이 오기만을 기다리고 있었다.

그런데 하루는 난데없이 말방울 소리가 나서, 반가운 마음으로 얼른 나가 보았다. 낭군의 말이 와 있지 않은가.

부인은 말고삐를 잡고,

"낭군은 어디 가고 머리만 물고 왔느냐?"

부인이 크게 놀라 말하기를,

"말은 비록 짐승이로되, 만 리 타국에서 집을 찾아왔건만, 낭군은 오시지 않고 어찌하여 머리만 왔는고!"

하며, 슬피 통곡하니, 늙은이나 젊은이나 어느 누가 슬퍼하지 않으며, 금수도 슬퍼하고 산천 초목이라도 다 슬퍼하는 듯했다.

부인이 낭군을 생각하면서 슬피 통곡하다가 기절했다. 잠시 후에 정신을 차리고 마음을 진정했다.

그리고 낭군의 머리를 옥함에 넣어 말에 싣고, 눈물을 흘리면서 서울로 올라갈 때, 무지한 말이라도 눈물을 흘리느라고 몸에서는 땀이 흘러내렸다. 말을 대궐 앞에 매어 넣고, 임금님 앞으로 들어가서 엎드려 아뢰기를,

"소녀의 지아비 머리를 말이 물고 왔으니, 어찌 슬프지 않겠사옵니까."

하고, 통곡했다.

전하께서는 크게 놀라시어 옥함을 열어 보시고, 눈물을 흘리시면서 축문을 지어 제사를 지냈다. 그 글에는,

그대의 충성은 하늘이 도우신 충신이다. 김응서가 만리 타국에 들

어간 지 3년이 되도록 소식이 없어서 오기를 기다렸더니, 과인이 덕이 적어 원혼이 되어 왔으니, 지하에 들어간들 어찌 충성을 갚지 않겠는가. 타국에서 죽은 원혼이라도 과인의 지성을 감동하라.

하시고, 제사를 지낸 후에,

"장군의 머리를 잘 수습해서 옥함에 넣고 확실히 흠향하게 하라. 이 연유를 밝혀 각도 각읍에 공문을 보내라."

하시고, 부인에게 직첩을 주시니, 부인이 임금의 은혜를 축수하고, 행장을 싣고 고향에 돌아가 예를 마친 후 3개월 만에 선산에 안장하고 눈물로 세월을 보냈다.

이 때, 임금님께서 타국에 가서 죽은 장수를 위로하여 경상도 대동* 1만 섬을 내주시고, 또 각읍에 모든 소를 잡지 말라는 명령을 내렸다.

이 때, 전하가 꿈을 꾸었는데, 김응서가 엎드려 아뢰기를,

"소신이 힘을 다하여 왜왕의 머리를 베어 전하께 드리고, 나라의 은혜를 만분의 일이나마 갚고자 하였으나, 홍립이 소신의 말을 듣지 않아서 도중에 20만 대병이 전멸당하고, 그 길로 왜국에 들어가 왜왕의 머리를 베어 가지고 돌아올까 했더니, 강홍립이 부귀만 생각하고 의리를 생각지 않고 왜왕과 친근하게 지내므로, 홍립을 죽이고 신은 자살하였습니다. 그 죄는 만 번 죽어도 아깝지 않으며, 신이 비록 황천으로 돌아간 원혼이 되었으나, 어찌 전하를 돕지 않겠습니까. 엎드려 바라건대, 전하는 만세 무양하옵소서. 소신은 어찌 원한을 다 풀 수 있겠습니까."

하고, 간 데가 없었다.

전하께서 깨달으시고, 꿈 속에서 응서가 한 말이 귀에 쟁쟁했다. 여

---

* 대동(大同) 조선 시대에 대동법에 의해서 거둬들이던 쌀.

러 신하를 모아 꿈 이야기를 하시고, 응서의 충절을 못내 칭찬하셨다.

사명당*

경자년(선조 33년, 1600년) 3월, 평안도 안빈낙사에 서산 대사(西山大師)라는 스님이 있었다.

그는 육도 삼략*과 천문 지리*와 오행 술법*을 모르는 것이 없이 환하게 알고, 산중에 묻혀 있었기에 세상이 어찌 돌아가는지 모르고 지냈다.

어느 날, 푸른 하늘에 보름달이 환하게 떠 있는데, 자연히 탄식하여 하는 말이,

"왜인이 임진년 원수를 갚고자 하니, 이제 왜인이 조선을 침범하면 종묘 사직이 위태하고, 우리 불교도 위태할 것이다."

하고,

"내가 산중에 있으나, 조선의 물과 흙을 먹으니, 어찌 조선을 돕지 않겠는가."

하고, 즉시 가사를 입고 육환장*을 짚고 서울에 올라가, 좌승상을 찾아보고 전하께 뵙기를 청하니, 승상이 그 연유를 물은 후에 임금님이 계시는 곳에 들어가 아뢰자, 바로 들어오게 했다.

대사가 대궐 안으로 들어가 엎드려 있자, 임금님이

사명당

---

* **사명당**(四溟堂) 임진왜란 때 승병장이었던 유정(1544~1610)의 호. 임진왜란 때 승병을 이끌고 일본에 왜군과 싸워 공을 세우고, 1604년 국서를 가지고 단신 일본에 건너가 우리 포로를 구해서 돌아옴.
* **육도 삼략**(六韜三略) 중국의 옛날 병법서.
* **천문 지리**(天文地理) 하늘의 천체 현상과 지구상에서 일어나는 모든 이치.
* **오행 술법**(五行術法) 우주 자연의 원리를 이용한 온갖 술법.
* **육환장**(六環杖) 고리가 여섯 개 달린 스님의 지팡이.

묻기를,

"무슨 연고로 과인을 보고자 하는가."

하시니, 대사가 아뢰기를,

"소승은 평안도 안빈낙사에 있었는데, 임진년에 전하께서 왜란을 당하셨으되, 진작 나와서 돕지 못한 죄는 만 번 죽어도 아깝지 않습니다."

하자, 임금님은 말씀하시기를,

"노스님이 나라를 생각하니 가장 반갑소. 그런데 무슨 일이 있소?"

하시니, 대사가 아뢰기를,

"소승이 하늘에 나타나는 조짐을 보았더니, 왜놈이 임진년 원수를 생각하고 조선을 침노코자 하기에 올라와 이 사연을 말씀드리고자 하여 불원 천리하고 알현하였습니다. 이제 김응서, 강홍립은 다 죽었고, 다른 장수가 없으니, 누가 왜놈을 막아내겠습니까. 이제, 왜놈을 나오지 못하게 할 묘한 방법이 있습니다."

임금님이 놀라면서 말씀하시기를,

"그러면 어떻게 해야 하겠소?"

하시자, 대사가 아뢰기를,

"소승의 상좌*로서 사명당(四溟堂)이라는 중이 있사옵니다. 육도 삼략을 통달하고, 팔만 대장경*과 둔갑 장신술이 능통하옵니다. 그 중을 부르시어 왜국에 사신으로 보내시옵소서."

하자, 임금님께서 바로 유성룡으로 하여금 불러 오게 했다.

사명당이 어명을 받들어 서울에 와서 임금님을 뵙자, 임금님이 말씀

---

* **상좌**(上佐) 큰스님의 가장 높은 제자.
* **팔만 대장경**(八萬大藏經) 불력으로 외적을 물리치기 위해 고려 고종 23년(1236)부터 동왕 38년(1251)에 걸쳐 완성한 대장경.

팔만대장경

하시기를,

"대사의 말을 들으니, 그대가 측량치 못하는 재주를 가졌다 하니, 한 번 수고를 아끼지 말고, 일본국에 들어가 항복받아 후환이 없게 하고 돌아오기를 바라오."

하시니, 사명당이 아뢰기를,

"소승이 비록 산중에 있으나 조선의 물과 흙을 먹고 있으니, 어찌 그 만한 수고를 아끼겠사옵니까?"

했다.

임금님이 크게 기뻐하시고, 사명당을 봉명 사신*으로 정하셨다.

사명당이 임금님께 하직 인사를 하고 나왔다. 비록 중이라 하더라도 사신의 차림을 갖추고 행장을 수습하여 10여 일 만에 경상도 동래에 이르러 3일을 머물러 있었다.

그런데 동래 부사 송경(宋卿)이 말하기를,

"조선 사람이 허다하거늘 하필이면 중놈을 보내는고."

하고, 나와 보지 않았다.

사명당이 분함을 이기지 못하여, 무사에게

"부사를 잡아들여라."

하니, 무사가 일시에 부사를 잡아들였다.

사명당이 꾸짖어 말하기를,

"명색이 비록 중이기는 하지만, 임금님의 명령을 받들어 죽음을 생각지 않고 만 리 타국에 들어가거늘, 너는 왕명을 생각지 않고 중이라고 업신여겨, 너의 신분만 생각하고 나와 보지도 않았으니, 나라의 만고 역적이다. 어찌 죄를 용서하겠는가!"

하고 무사에게 명하여,

---

* 봉명 사신(奉命使臣) 임금의 명령을 받들고 다른 나라에 가는 사신.

"급히 목을 베라!"

하고, 동래 부사의 죄를 적어 전하께 올리고, 행군하여 배를 타고 일본에 이르러, 조선 임금님의 문서를 왜왕 앞으로 보냈다.

왜왕이 뜯어 보니, 거기에는

'조선 사명당 생불*이 들어온다.'고 적혀 있으므로, 왜왕이 크게 놀라서 여러 신하를 모아 놓고 의논하기를,

"조선 같은 작은 나라에 어찌 생불이 있겠느냐만, 생불이라 했으니, 어찌하겠느냐?"

여러 신하가 아뢰기를,

"좋은 방법이 있으니, 걱정하지 마십시오."

하고,

"360폭 병풍을 만들어 1만1천 구절을 지어 병풍에 써서 길 동편에 둘러 놓고, 사신을 청하여 천리마를 급히 몰아 숙소에 오거든 글을 외우라 하여, 만일 외우지 못하거든 죽이옵소서."

하고, 즉시 행하여 360폭 병풍에 1만 1천 구절을 써서 동편에 둘러 놓고 사신을 청하자, 사신은 말을 타고 급히 달려 왔다.

조선 생불이란 말을 듣고 남녀 노소 없이 구경하는 사람이 백 리에 뻗쳐 있었다.

숙소에 자리잡고 앉자, 왜왕이 인사를 마친 후에 말하기를,

"사신이 생불이라 하니, 들어오는 길에 병풍의 글을 보았느뇨?"

사신이 말하기를,

"보았노라."

"글을 보았다 하니, 어디 한번 외워 보라."

그러자 사신이 말하기를,

---

* 생불(生佛) 살아 있는 부처. 덕행이 높은 스님.

"어찌 그만한 글을 외우지 못하리오."

하고, 삼경*에 시작하여 이튿날 오시*까지 계속해서 외우니, 1만 990 구를 연달아 외우거늘, 왜왕이 말하기를,

"어찌 끝 열 구절은 외우지 않느뇨?"

하자, 사명당이 말하기를,

"없는 글을 어찌 외우리오?"

왜왕이 괴이하게 여겨 신하에게,

"가서 보고 오너라."

하니,

"과연 병풍 두 폭이 닫혀 있사옵니다."

하였다.

사명당이 별당으로 나오자, 왜왕이 밥을 지어 올렸으나, 사명당이 말하기를,

"왜의 음식은 먹지 못하노라."

하고, 거절하자, 왜왕이 여러 신하를 모아 놓고 의논하기를,

"조선 사신이 생불임이 분명하니 어찌하겠는고."

여러 신하가 아뢰기를,

"150자 구리 방석을 만들어 물에 띄우고 앉으라 하면, 제아무리 부처라도 죽을 것이옵니다."

하니, 왜왕이 옳게 여겨, 구리 방석을 만들어 물가에 나와 사신을 청하여 말하기를,

"그대가 생불이라 하니 방석을 타라."

하니, 방석을 물에 띄우고 팔만 대장경을 외우니, 동풍이 불면 서쪽으로 가고, 서풍이 불면 동쪽으로 가는데, 작은 배를 마음대로 타고 만경

＊삼경(三更) 밤 11시부터 새벽 1시까지.
＊오시(午時) 오전 11시부터 오후 1시까지.

창파 큰 바다 위를 마음대로 다니듯이 완연히 떠다니면서,

"호사로다, 호사로다!"

하지 않는가.

왜왕이 보고 크게 놀라 여러 신하와 의논하기를,

"조선 사신을 어찌할 것인가?"

하니, 한 신하가 아뢰기를,

"내일은 잔치를 베풀고 방석을 놓고 오르라 하여, 비단 방석에 앉으면 필연코 요물일 것이요, 무명 방석을 취하면 부처일 것입니다. 만일 그렇게 하지 않거든 죽이십시오."

하고, 이튿날 방석을 놓고 사신을 청하여,

"방석에 앉으라."

하니, 사명당이 백팔 염주를 손에 들고 무명 방석에 앉는 걸 보고, 왜왕이 말하기를,

"그대가 부처면 어찌 비단 방석을 취하지 않고 무명 방석에 앉았는가?"

하니, 사명당이 말하기를,

"부처가 무명을 취하지 어찌 비단을 취하겠는가. 무명은 목화나무에 핀 꽃이요, 비단은 벌레의 집에서 나온 것이므로 취하지 않는 것이오."

하니, 왜왕이 다시 말이 없이 잔치를 파하고, 여러 신하를 모아 놓고 의논하기를,

"조선 사신이 생불임이 분명하니 어찌하겠는가?"

하자, 여러 신하가 아뢰기를,

"내일은 구리로 한 칸 집을 짓고, 생불을 청하여 구리 집에 들어오거든 문을 잠그고, 사면으로 숯을 피우면 제아무리 생불일지라도 그 안에서 죽을 것이옵니다."

하니, 왜왕이 옳게 여겨, 구리 집을 짓고 사신을 청하여 방 안에 앉힌 후에 문을 잠그고, 사면으로 숯을 쌓고 큰 풀무를 가져다 놓고 부치니, 불꽃이 일어나면서 겉으로 구리가 녹아 흐르니, 아무리 술법 있는 생불인들 어찌 살기를 바라겠는가.

사명당이 그 간교한 계략을 알고, 사면 벽 위에 서리 상(霜)자를 써 붙이고, 방석 밑에는 얼음 빙(氷)자를 써 놓고 팔만 대장경을 외우니, 방 안이 얼음 창고 같았다.

왜왕이 말하기를,

"조선 생불의 혼백이라도 남지 못했을 것이다."

하고, 신하에게 명하여 문을 열고 보니, 생불이 앉았는데, 눈썹에는 서리가 끼고, 수염에는 고드름이 달려 있지 않은가!

사명당이 신하를 보고 꾸짖어 말하기를,

"왜국이 남방이라 덥다고 하더니, 어찌 이리 차냐."

하자, 신하가 혼이 나서 그 사연을 왕에게 보고하니, 왜왕이 크게 놀라 말하기를,

"분명한 생불을 죽이지 못하고 쓸데없이 재물만 허비했구나."

하고,

"달래어 화친하는 게 낫겠다."

하고, 한 꾀를 생각하고, 무쇠말을 달궈 놓고 사신을 청하여 말하기를,

"그대가 부처라 하니, 저 쇠말을 타고 다니라."

하니, 사명당이 그 간교한 계책을 알고, 밖에 나와서 조선을 바라보면서 팔만 대장경을 외우니, 사방에서 난데없이 구름이 모여들어 뇌성이 진동하며 소나기가 끊이지 않고 내렸다.

그러자 성 안에 물이 괴어 강이나 바다처럼 되어 백성이 무수히 빠져 죽었다.

사명당이 호령하여 말하기를,

"간사한 왜왕은 끝내 깨닫지 못하고, 여러 가지로 나를 죽이려 하거니와, 내 어찌 간교한 계략에 빠지겠는가. 이제, 왜국을 물 속에 잠기게 할 것이니, 만일 목숨을 보전하려거든 급히 항복한다는 문서를 올리면 비를 그치게 할 것이지만, 그렇지 않으면 너희들 일본을 동해로 만들겠다."

하고, 세 용을 불러,

"비를 주어 왜왕을 놀라게 하라!"

하니, 세 용이 일시에 굽이를 치면서 소리를 지르자, 천지가 무너지는 듯했다.

왜왕이 크게 놀라 어찌할 줄을 몰랐다.

구중 궁궐이 모두 바다가 되고, 물결은 태산처럼 밀려들어 점점 뜰에 들어왔다. 왜왕이 하릴없이 인끈*을 목에 매고, 용포*를 벗어 땅에 깔고, 두 무릎을 공손히 꿇고, 두 손길을 마주잡고,

"비나이다, 비나이다! 하늘을 우러러 조선 사신 사명당 전에 비나이다! 제발 적선하시어 살려 주옵소서! 이 나라 백성이 다 물에 빠져 죽게 되었으니, 살려 주옵소서! 부처님 전에 비나이다! 제가 무도하여 부처님인 줄 모르고 무수히 희롱했사오니, 그 죄는 죽어도 마땅하거니와, 제발 적선하시어 살려 주옵소서."

하며, 조선은 아버지 나라요 일본은 아들 나라라는 뜻을 밝힌 항복 문서를 올렸다.

사명당이 받지 않고 말하기를,

"네 목숨을 보전하려거든 해마다 사람의 가죽 300장씩 바치되, 15세, 16세 된 처녀 가죽을 바치고, 또 불알 3말씩 바치되 15세, 16세 된 총각으로 하라."

＊인끈 무관이 신표로 차고 다니는 녹비 끈.
＊용포(龍袍) 임금이 입던 옷.

하니, 왜왕이 말하기를,

"부처님께 목숨을 바칠지언정 사람의 가죽과 불알은 바칠 수 없나이다."

하니, 사명당이 말하기를,

"해마다 사람의 가죽 300장과 불알 3말씩을 바치겠다는 항복 문서와 아버지·아들 나라라는 항복 문서를 바삐 써서 올리고, 그렇지 않으면 비를 더 주어 몰살시키겠다."

하고, 세 용에게 호령하니, 비가 우박을 퍼붓듯이 내렸다.

왜왕이 하릴없이 급히 써 올리자, 사명당이 항복 문서를 받은 후에 왜왕을 꾸짖어 말하기를,

"너는 무슨 욕심으로 청정과 소서와 평수길을 내보내어 우리 조선을 요란하게 했는지, 그 죄목을 묻고자 하시어 전하께서 나를 보내셨다. 아무러면 우리 같은 예의의 나라를 침범하여 해친단 말인가. 그 죄를 생각하고, 씨가 없어지도록 다 죽이려고 했으나, 사람의 목숨이 소중하기로 용서해 주거니와, 앞으로는 다시 외람된 마음을 두지 말고 조선을 잘 섬겨라. 우리 나라에 영웅 호걸이 구름 모이듯 하고, 나라가 비록 한쪽에 치우쳐 있는 작은 나라이긴 하나, 천하에 제일이어서, 중국의 천자라도 범하지 못할 것이며, 다른 나라들이 다 범람한 뜻을 내지 못하고 각자 한쪽 구석을 차지하고 있다. 우리 나라에는 나 같은 생불이 해마다 수천여 명이 나온다. 이번에 나를 보내시면서 그대 나라에 들어가 아버지·아들 나라라는 항복 문서를 받아 오라 하시기에 온 것이다. 앞으로 또다시 법도에 어그러지는 뜻을 두면, 우리 1천 부처가 일시에 들어와서 너의 일본을 물 속에 잠기게 하여 동해를 만들 것이니, 앞으로는 반역하지 말지어다."

하자, 왜왕이 머리를 조아려 사죄하면서 말하기를,

"제가 아무리 무지하온들 부처님의 가르치심을 어찌 거역하겠습니

까. 하라시는 대로 시행하겠사옵니다."

하고, 바로 잔치를 베풀었다.

이튿날, 사명당이 돌아올 때, 일본의 인민은 조선의 생불이 고국으로 돌아간다는 말을 듣고 앞을 다투어 길에 나와서 구경했다.

왜왕이 백리 밖에 나와 전송하면서 진귀한 보물을 무수히 주었으나, 사명당 이 본디 탐욕이 없으므로, 진귀한 보물을 물리치고 말하기를,

"불알 3말씩, 사람의 가죽 300장씩 바치되, 해마다 300장에서 단 한 장이라도 덜 바치면, 또 건너와서 일본을 물 속에 잠기게 할 것이니, 각별히 조심하라."

하고, 길을 떠나 물가에 다다르니, 세 용이 배를 대고 순식간에 건너니, 사흘 만에 조선 지경에 이르렀다.

왜왕에게서 받은 항복 문서를 봉하여 서울로 올려 보내고 길을 떠나니, 위풍과 이름이 온 나라에 떨쳤다.

이 때, 임금님이 일본 항복 문서를 보고 매우 기뻐하면서 말씀하시기를,

"사명당의 공로는 천추에 제일이로다!"

하고, 못내 칭찬하시며 돌아오기를 고대하고 있을 때, 사명당이 서울에 이르러 임금님께 엎드려 사배를 하자, 임금님이 손을 잡고 칭송하여 마지않았다.

"그대가 만 리 타국에 들어가 빛나는 이름을 세우고 무사히 돌아오니, 그 공로는 영원히 비교할 만한 것이 없을 것이오."

하시고, 사명당과 서산 대사에게 벼슬을 주시는데, 서산 대사는 병조판서 호위 대장을 삼으시고, 사명당은 금부도사를 삼으시니, 두 대사가 엎드려 아뢰기를,

"비록 조그마한 공로가 있으나, 무거운 벼슬을 주시니, 나라의 은혜가 지극합니다."

하고, 벼슬을 하고 있다가 일곱 달 만에 두 대사가 엎드려 아뢰기를,

"저희들의 벼슬을 갈아 주시면 산중에 들어가 불도를 숭상하겠사옵
니다."

하자, 임금님께서 섭섭함을 마지못하여 말씀하시기를,

"그대들의 소원이 그럴진대 뜻대로 하라."

하시고, 벼슬을 갈아 주셨다.

두 대사가 공손히 절을 하고 물러나니, 모든 벼슬아치들이 멀리 나와
전송했다.

이 때, 왜왕이 사람의 가죽 300장과 불알 3말씩을 해마다 바치다가
다 대지 못하여, 동래 땅에 왜관을 짓고 구리쇠 360근과 주석쇠 3만6
천 근과 통쇠 3만6천 근과 시우쇠 3만6천 근을 해마다 바쳤다.

부록

작가와 작품 스터디

●김시습 (1435~1493, 호는 매월당 또는 동봉)

신동으로 이름이 높았던 김시습은 3살 때 이미 시를 지었고 5살 때 세종 대왕 앞에서 글을 지어 올렸다. 세종 대왕은 감탄하여 많은 비단을 선물로 내렸다. 혼자서는 들 수 없어 비단의 앞, 뒤를 연결하여 길게 늘어뜨려 가지고 돌아온 김시습의 일화는 많은 이들에게 알려져 있다. 수양 대군이 단종을 내몰고 왕위에 오르자 이름을 설잠이라 하고 중이 되어 전국을 떠돌아다녔다. 약 9년에 걸친 방랑 기간 동안 〈탕유관서록〉, 〈탕유관동록〉 등을 정리하여 그 후지를 썼다. 세조 임금의 소명을 받고도 여러 차례 거절하다, 충청도 홍산 무량사에서 죽었다. 최초의 한문 소설 〈금오신화〉를 지었고, 〈산거백영〉, 〈산거백영 후지〉 등의 책을 썼다.

● 허균 (1569~1618, 호는 교산)

허균은 조선 중기의 문신이며 누이는 여류 시인 허난설헌이다. 서경덕의 수제자인 허엽의 셋째아들로 태어나, 다섯 살 때부터 글을 배우기 시작하여 아홉 살에는 시를 지었다. 26세에 문과에 장원 급제한 후 벼슬길에 올랐으나 세 번이나 파직당하는 등 파란의 연속이었다.

그는 스승 이달의 모습을 보며 서자 출신에게는 기회를 주지 않았던 사회 제도에 대한 불만을 품게 되었다. 사대부 문인보다는 주로 서얼 출신의 문인들과 친교를 맺었다. 조정의 부패상과 광해군의 폭정에 대한 혁명을 꾀하다가 탄로나 처형되었다.

최초의 국문 소설인 〈홍길동전〉은 적자와 서자의 차별 폐지를 주장하는 한편 무위도식하던 양반과 탐관오리들을 고발하고 있으며, 가난한 백성들을 구출하려는 저항적인 주제가 강하게 드러난 사회 소설이다.

● **금오신화** 우리 나라 최초의 소설로, 한문으로 쓰여져 있다. 5편의 단편으로 구성된 소설은 불교, 유교, 도교 등의 각 사상을 중심으로 이야기가 진행된다. 원래는 이 외에도 작품이 더 많았을 것으로 생각되지만 나머지는 전해지지 않는다. 김시습은 〈금오신화〉를 통해서 세종 대왕의 은혜를 입었던 시절을 추억하면서 방랑 생활로 생을 마감할 자신의 결심을 보여 주고 있다. 비극적인 성격을 드러내면서 현실과 이상의 대립에 관한 이야기를 하고 있다.

● **홍길동전** 조선 세종 대왕 시절 홍 판서의 아들 길동은 유씨 부인의 몸종 춘섬의 몸에서 태어나 차별을 받는다. 길동은 어려서부터 훌륭한 기상이 보였으나, 아버지를 아버지라 부르지 못하고, 형을 형이라 부르지 못하는 한을 품었다. 유씨 부인과 인형 등이 음모를 꾸몄으나 길동은 자객을 죽이고 집을 떠난다. 길동은 방랑 생활 중 우연히 도적 떼의 두목이 되어 탐관오리들의 재물을 빼앗아다가 불쌍한 백성을 도와 주는 활빈당을 만든다. 길동을 잡으라는 명령을 전국에 내렸으나 매번 실패하고, 길동의 심경을 알게 된 임금은 길동을 병조 판서에 임명한다. 길동은 후에 남경으로 가서 성도라는 섬에 정착한 후, 근처 율도국을 정복하여 임금이 된다.

● **임진록** 작가, 연대 미상의 한글 소설로써 〈임충민공실기〉를 참고하고, 민간에서 구전되는 설화를 토대로 창작된 것으로 보인다. 임진왜란으로 의기 소침해진 백성의 사기를 붇돋아 주기 위해 현실적으로는 패배한 싸움을 정신적으로 승리한 것처럼 꾸며 놓았다. 이순신, 김덕령, 임경업 등의 실존 인물을 등장시키면서 그 활약에 있어서 많은 부분을 과장되게 묘사하고 있다. 임경업은 실제 역사에서는 능력을 발휘해 보지도 못하고 억울한 누명을 쓰고 희생되었으나 소설에서는 대단한 활약을 한 것으로 묘사하고 있어 영웅화시키려는 의도가 드러난다. 실제로 민족적 영웅의 출현을 갈망했던 마음이 엿보인다.

논술 가이드

〈금오신화〉의 한 대목입니다. 제시문을 읽고 다음 문제에 답하시오.

[문항 1]

> "(전략) 저는 비록 여자의 몸이지만 이 일에 대하여 마음이 태연한데 하물며 대장부의 의기로 그런 염려까지 하옵니까? 만일 규중의 비밀이 누설되면 부모님께 꾸지람을 듣는다 하더라도 저 혼자 책임을 지겠사옵니다."
>
> (중략)
>
> 최 소저는 도적에게 잡혀 정조를 빼앗길 처지에 이르자 크게 노하여 소리 질렀다.
>
> "이 못된 놈아! 나를 먹으려고 하느냐? 내가 차라리 죽어서 승냥이의 밥이 될지언정 어찌 돼지 같은 놈에게 이 몸을 주겠느냐?"
>
> 놈은 끝내는 그녀를 무참하게 죽여 버렸다.

(1) 윗글에서 알 수 있는 최 소저의 성격을 말해 봅시다.

----

(2) 고전 소설은 대부분 행복한 결말을 맺습니다. 하지만 〈금오신화〉는 주인공들의 불행한 모습을 보여 줍니다. 김시습이 살았던 시대적 배경을 생각하며, 그가 불행한 결말을 유도한 의도가 무엇인지 말해 봅시다.

〈홍길동전〉의 한 대목입니다. 제시문을 읽고 다음 문제에 답하시오.

[문항 2]

> "제가 평생에 서러워하는 것은, 대감의 정기로 당당한 남자로 태어났으므
> 로, 부모님이 낳아 길러 주신 은혜가 깊지만, 그 아버지를 아버지라 부르지
> 못하고, 그 형을 형이라 부르지 못하니, 어찌 사람이라 하겠사옵니까?"
> 하고, 눈물을 흘렸다.
> 　공이 듣고 나서, 비록 측은하지만, 만일 그 뜻을 위로하면 마음이 방자해질
> 까 염려해서 크게 꾸짖어,
> "재상집 천한 첩의 자식이 너뿐만은 아닌데, 어찌 방자함이 이 같으냐? 이
> 후로는 다시 그런 말을 하면 눈앞에 용납치 못할 것이다."

(1) 위의 글에서 길동이 아버지를 아버지라고 부르지 못하는 이유는 무엇일
까요? 사회적 배경을 생각하며, 길동이 사회 제도에 대해 지니고 있을 감정을
생각해 봅시다. 그리고 아버지가 그런 길동을 측은하게 여기면서도 위로하지
않고 오히려 크게 꾸짖는 이유는 무엇인지 이야기해 봅시다.

----

(2) 허균의 스승인 이달은 서얼 출신이라 뛰어난 실력임에도 문과에 응시할
수 없었습니다. 〈동의 보감〉을 쓴 허준 역시 서얼 출신으로 어린 시절 많은 갈
등 속에서 방황을 했습니다. 소설 속의 길동의 모습을 보며, 허균이 〈홍길동전〉
을 쓴 이유에 대해 말해 봅시다. 그리고, 서얼 출신을 차별했던 그 시대의 사회
제도에 대해 자신의 의견을 말해 봅시다.

〈홍길동전〉의 두 대목입니다. 제시문을 읽고 다음 문제에 답하시오.
[문항 3]

> 임금님이 옳게 여기시어, 바로 홍길동에게 병조 판서 벼슬을 내리시고 사대문에 방을 붙였다.
> 그 때, 길동은 이 말을 듣고, 즉시 사모 관대를 갖추고, 높은 초헌을 의젓하게 높이 타고, 큰 길거리에 들어오면서,
> "이제 홍 판서가 사은하러 온다."

> 남쪽 지방에 율도국이라는 나라가 있는데, 기름진 들판이 수천 리나 되어 참으로 사람이 살기에 이상적인 나라였다. 길동이 항상 그 율도국에 대해 유념하고 있던 중이어서, 여러 사람들 불러다 놓고 말하기를,
> "내가 이제 율도국을 치고자 하니, 그대들은 마음을 다하고 힘을 다하라."
> 하고, 바로 그 날 진군했다.

(1) 첫번째 글에서 사회 제도의 규제를 거부하고 자신의 뜻대로 살던 길동이 벼슬을 받고 임금에게 가는 모습을 어떻게 바라보아야 할까요? 각자의 생각을 말해 봅시다.

- -

- -

(2) 두 번째 글에서 길동이 율도국을 정복하려는 의도는 무엇일까요? 잘못된 사회 제도를 한탄하면서도 바꾸려 하지 않는 길동의 행동에 대한 각자의 생각을 말해 봅시다.

- -

- -

〈임진록〉의 두 대목입니다. 제시문을 읽고 다음 문제에 답하시오.

[문항 4]

> "신이 잠깐 풀이해 보니, 사람 인(人)변에 벼 화(禾)를 하고 그 아래에 계집 여(女)자를 했으니, 이 글자는 왜(倭)자입니다. 그러므로 아마도 왜놈이 쳐들어올 듯싶습니다."
>
> 그러자 임금님이 크게 노하시어 꾸짖으시기를,
>
> "시절이 태평한데 그대는 어찌 요망한 말을 하여 인심을 어지럽게 하고, 과인의 마음을 불안케 하는가."

> 왜왕이 하릴없이 급히 써 올리자, 사명당이 항복 문서를 받은 후에 왜왕을 꾸짖어 말하기를,
>
> "(전략) 우리 나라에 영웅 호걸이 구름 모이듯 하고, 나라가 비록 한쪽에 치우쳐 있는 작은 나라이긴 하나, 천하에 제일이어서, 중국의 천자라도 범하지 못할 것이며, 다른 나라들이 다 범람한 뜻을 내지 못하고 각자 한쪽 구석을 차지하고 있다. 우리 나라에는 나 같은 생불이 해마다 수천여 명이 나온다. (후략)"

(1) 첫번째 글에서 최일령은 임금의 꿈을 풀이하며 앞으로 닥칠 위기에 대해 이야기합니다. 임금이 최일령의 말을 새겨 듣지 않는 이유는 무엇입니까? 또한 나라가 태평할 때 임금은 어떤 마음가짐을 가져야 할까요? 말해 봅시다.

----

(2) 두 번째 글에서 작자는 사명당의 말을 통해 무슨 뜻을 전하고 싶었을까요? 그 당시 사회 배경을 생각하며 말해 봅시다.

〈베스트 논술 한국대표문학〉(전60권) 목록

권별	작품	작가
1	무정 I	이광수
2	무정 II	이광수
3	무명 · 꿈 · 옥수수 · 할멈	이광수
4	감자 · 시골 황 서방 · 광화사 · 붉은 산 · 김연실전 외	김동인
5	발가락이 닮았다 · 왕부의 낙조 · 전제자 · 명문 외	김동인
6	배따라기 · 약한 자의 슬픔 · 광염 소나타 외	김동인
7	B사감과 러브레터 · 서투른 도적 · 술 권하는 사회 · 빈처 외	현진건
8	운수 좋은 날 · 까막잡기 · 연애의 청산 · 정조와 약가 외	현진건
9	벙어리 삼룡이 · 뽕 · 젊은이의 시절 · 행랑 자식 외	나도향
10	물레방아 · 꿈 · 계집 하인 · 별을 안거든 우지나 말 걸 외	나도향
11	상록수 I	심훈
12	상록수 II	심훈
13	탈춤 · 황공의 최후 / 적빈 · 꺼래이 · 혼명에서 외	심훈 / 백신애
14	태평 천하	채만식
15	레디메이드 인생 · 순공 있는 일요일 · 쑥국새 외	채만식
16	명일 · 미스터 방 · 민족의 죄인 · 병이 낫거든 외	채만식
17	동백꽃 · 산골 나그네 · 노다지 · 총각과 맹꽁이 외	김유정
18	금 따는 콩밭 · 봄봄 · 따라지 · 소낙비 · 만무방 외	김유정
19	백치 아다다 · 마부 · 병풍에 그린 닭이 · 신기루 외	계용묵
20	표본실의 청개구리 · 두 파산 · 이사 외 / 모범 경작생	염상섭 / 박영준
21	탈출기 · 홍염 · 고국 · 그믐밤 · 폭군 · 박돌의 죽음 외	최서해
22	메밀꽃 필 무렵 · 낙엽기 · 돈 · 석류 · 들 · 수탉 외	이효석
23	분녀 · 개살구 · 산 · 오리온과 능금 · 가을과 산양 외	이효석
24	무녀도 · 역마 · 까치 소리 · 화랑의 후예 · 등신불 외	김동리
25	하수도 공사 / 지맥 / 그 날의 햇빛은 · 갈가마귀 그 소리	박화성 / 최정희 / 손소희
26	지하촌 · 소금 · 원고료 이백 원 외 / 경희	강경애 / 나혜석
27	제3인간형 / 제일과 제일장 외 / 사랑 손님과 어머니 외	안수길 / 이무영 / 주요섭
28	날개 · 오감도 · 지주 회시 · 환시기 · 실화 · 권태 외	이상
29	봉별기 · 종생기 · 조춘점묘 · 지도의 암실 · 추등잡필	이상
30	화수분 외 / 김 강사와 T교수 · 창랑 정기 / 성황당	전영택 / 유진오 / 정비석

권별	작품	작가
31	민촌 / 해방 전후 · 달밤 외 / 과도기 · 강아지	이기영 / 이태준 / 한설야
32	소설가 구보씨의 일일 / 장삼이사 · 비오는 길 / 석공 조합 대표 / 낙동강 · 농촌 사람들 · 저기압	박태원 / 최명익 / 송영 / 조명희
33	모래톱 이야기 · 사하촌 외 / 갯마을 / 혈맥 / 전황당인보기	김정한 / 오영수 / 김영수 / 정한숙
34	바비도 외 / 요한 시집 / 젊은 느티나무 외 / 실비명 외	김성한 / 장용학 / 강신재 / 김이석
35	잉여 인간 / 불꽃 / 꺼삐딴 리 · 사수 / 연기된 재판	손창섭 / 선우휘 / 전광용 / 유주현
36	탈향 외 / 수난 이대 외 / 유예 / 오발탄 외 / 4월의 끝	이호철 / 하근찬 / 오상원 / 이범선 / 한수산
37	총독의 소리 / 유형의 땅 / 세례 요한의 돌	최인훈 / 조정래 / 정을병
38	어둠의 혼 / 개미귀신 / 무진 기행 · 서울 1964년 겨울 외	김원일 / 이외수 / 김승옥
39	뫼비우스의 띠 / 악령 / 식구 관촌 수필 / 기억 속의 들꽃 / 젊은 날의 초상	조세희 / 김주영 / 박범신 이문구 / 윤흥길 / 이문열
40	김소월 시집	김소월
41	윤동주 시집	윤동주
42	한용운 시집	한용운
43	한국 고전 시가와 수필	유리왕 외
44	한국 대표 수필선	김진섭 외
45	한국 대표 시조선	이규보 외
46	한국 대표 시선	최남선 외
47	혈의 누 · 모란봉	이인직
48	귀의 성	이인직
49	금수 회의록 · 공진회 / 추월색	안국선 / 최찬식
50	자유종 · 구마검 / 애국부인전 / 꿈하늘	이해조 / 장지연 / 신채호
51	삼국유사	일연
52	금오신화 / 홍길동전 / 임진록	김시습 / 허균 / 작자 미상
53	인현왕후전 / 계축일기	작자 미상
54	난중일기	이순신
55	흥부전 / 장화홍련전 / 토끼전 / 배비장전	작자 미상
56	춘향전 / 심청전 / 박씨전	작자 미상
57	구운몽 · 사씨 남정기	김만중
58	한중록	혜경궁 홍씨
59	열하일기	박지원
60	목민심서	정약용

〈베스트 논술 한국대표문학〉에 실린 소설과 교과서 대조표

*〈베스트 논술 한국대표문학〉에 실린 소설과 현행 국어·문학 18종 교과서의 수록 내용을 비교·분석하였다.

● 초등 학교 교과서(국어)

금오신화, 구운몽, 심청전,
흥부전, 토끼전, 박씨전,
장화홍련전, 홍길동전

● 국정 교과서

작품	작가	교과목
고향	현진건	고등 학교 문법
동백꽃	김유정	중학교 국어 2-1, 중학교 국어 3-1
벙어리 삼룡이	나도향	중학교 국어 1-1
봄봄	김유정	고등 학교 국어(상)
사랑 손님과 어머니	주요섭	중학교 국어 2-1
오발탄	이범선	중학교 국어 3-1
운수 좋은 날	현진건	중학교 국어 3-1

● 고등 학교 문학 교과서

작품	작품	출판사
감자	김동인	교학, 지학, 디딤돌, 상문
갯마을	오영수	문원, 형설
고향	현진건	두산, 지학, 청문, 중앙, 교학, 문원, 민중, 블랙, 디딤돌
관촌 수필	이문구	지학, 문원, 블랙
광염 소나타	김동인	천재, 태성

금 따는 콩밭	김유정	중앙
금수회의록	안국선	지학, 문원, 블랙, 교학, 대한, 태성, 청문, 디딤돌
김 강사와 T교수	유진오	중앙
까마귀	이태준	민중
꺼삐딴 리	전광용	지학, 중앙, 두산, 블랙, 디딤돌, 천재, 케이스
날개	이상	문원, 교학, 중앙, 민중, 천재, 형설, 청문, 태성, 케이스
논 이야기	채만식	두산, 상문, 중앙, 교학
닳아지는 살들	이호철	천재, 청문
동백꽃	김유정	금성, 두산, 블랙, 교학, 상문, 중앙, 지학, 태성, 형설, 디딤돌, 케이스
두 파산	염상섭	문원, 상문, 천재, 교학
등신불	김동리	중앙, 두산
만무방	김유정	민중, 천재, 두산
메밀꽃 필 무렵	이효석	금성, 상문, 중앙, 교학, 문원, 민중, 블랙, 디딤돌, 지학, 청문, 천재, 케이스
모래톱 이야기	김정한	디딤돌, 교학, 문원
모범경작생	박영준	중앙
뫼비우스의 띠	조세희	두산, 블랙
무녀도	김동리	천재, 지학, 청문, 금성, 문원, 민중, 케이스

작품	작가	출판사
무정	이광수	디딤돌, 금성, 두산, 교학, 한교
무진기행	김승옥	두산, 천재, 태성, 교학, 문원, 민중, 케이스
바비도	김성한	민중, 상문
배따라기	김동인	상문, 형설, 중앙
벙어리 삼룡이	나도향	민중
복덕방	이태준	블랙, 교학
봄봄	김유정	디딤돌, 문원
붉은 산	김동인	중앙
B사감과 러브레터	현진건	교학
사랑 손님과 어머니	주요섭	중앙, 디딤돌, 민중, 상문
사수	전광용	두산
사하촌	김정한	중앙, 문원, 민중
산	이효석	문원, 형설
서울, 1964년 겨울	김승옥	문원, 블랙, 천재, 교학, 지학, 중앙
성황당	정비석	형설
소설가 구보씨의 일일	박태원	중앙, 천재, 교학, 대한, 형설, 문원, 민중
수난 이대	하근찬	교학, 지학, 중앙, 문원, 민중, 디딤돌, 케이스
애국부인전	장지연	지학, 한교
어둠의 혼	김원일	천재
역마	김동리	교학, 두산, 천재, 태성, 형설, 상문, 디딤돌

역사	김승옥	중앙
오발탄	이범선	교학, 중앙, 금성, 두산
요한 시집	장용학	교학
운수 좋은 날	현진건	금성, 문원, 천재, 지학, 민중, 두산, 디딤돌, 케이스
유예	오상원	블랙, 천재, 중앙, 교학, 디딤돌, 민중
자유종	이해조	지학, 한교
장삼이사	최명익	천재
전황당인보기	정한숙	중앙
젊은 날의 초상	이문열	지학
젊은 느티나무	강신재	블랙, 중앙, 문원, 상문
제일과 제일장	이무영	중앙
치숙	채만식	문원, 청문, 중앙, 민중, 상문, 케이스
탈출기	최서해	형설, 두산, 민중
탈향	이호철	케이스
태평 천하	채만식	지학, 금성, 블랙, 교학, 형설, 태성, 디딤돌
표본실의 청개구리	염상섭	금성
학마을 사람들	이범선	민중
할머니의 죽음	현진건	중앙
해방 전후	이태준	천재
혈의 누	이인직	천재, 금성, 민중, 교학, 태성, 청문
홍염	최서해	상문, 지학, 금성, 두산, 케이스
화수분	전영택	태성, 중앙, 디딤돌, 블랙

〈베스트 논술 한국대표문학〉에 실린 시와 교과서 대조표

*〈베스트 논술 한국대표문학〉에 실린 시와 현행 국어·문학 18종 교과서의 수록 내용을 비교·분석하였다.

작품	작가	출판사
가는 길	김소월	지학, 블랙, 민중
가을의 기도	김현승	블랙
겨울 바다	김남조	지학
고향	백석	형설
국경의 밤	김동환	지학, 천재, 금성, 블랙, 태성
국화 옆에서	서정주	민중
귀천	천상병	지학, 디딤돌
귀촉도	서정주	지학
그 날이 오면	심훈	지학, 블랙, 교학, 중앙
그대들 돌아오시니	정지용	두산
그 먼 나라를 알으십니까	신석정	교학, 대한
껍데기는 가라	신동엽	지학, 천재, 금성, 블랙, 교학, 한교, 상문, 형설, 청문
꽃	김춘수	금성, 문원, 교학, 중앙, 형설
끝없는 강물이 흐르네	김영랑	디딤, 교학
나그네	박목월	천재, 블랙, 중앙, 한교
나룻배와 행인	한용운	문원, 블랙, 대한, 형설
남신의주 유동 박시봉방	백석	지학, 두산, 상문

작품	작가	출판사
남으로 창을 내겠소	김상용	지학, 한교, 상문
내 마음은	김동명	중앙, 상문
내 마음을 아실 이	김영랑	한교
농무	신경림	지학, 디딤, 금성, 블랙, 교학, 형설, 청문
누가 하늘을 보았다 하는가	신동엽	두산
눈길	고은	문원
님의 침묵	한용운	지학, 천재, 두산, 교학, 민중, 한교, 태성, 디딤돌
떠나가는 배	박용철	지학, 한교
머슴 대길이	고은	디딤돌, 천재
먼 후일	김소월	청문
모란이 피기까지는	김영랑	지학, 천재, 금성, 형설
목계 장터	신경림	문원, 한교, 청문
목마와 숙녀	박인환	민중
바다와 나비	김기림	금성, 블랙, 한교, 대한, 형설
바위	유치환	금성, 문원, 중앙, 한교
별 헤는 밤	윤동주	문원, 민중
봄은 간다	김억	한교, 교학
봄은 고양이로다	이장희	블랙

작품	작가	출판사
불놀이	주요한	금성, 형설
빼앗긴 들에도 봄은 오는가	이상화	지학, 천재, 문원, 블랙, 디딤돌, 중앙
산 너머 남촌에는	김동환	천재, 블랙, 민중
산유화	김소월	두산, 민중
살아 있는 것이 있다면	박인환	대한, 교학
살아 있는 날은	이해인	교학
생명의 서	유치환	한교, 대한
샤갈의 마을에 내리는 눈	김춘수	지학, 블랙, 태성
서시	윤동주	디딤돌, 민중
설일	김남조	교학
성묘	고은	교학
성북동 비둘기	김광섭	지학
쉽게 씌어진 시	윤동주	지학, 디딤돌, 중앙
승무	조지훈	지학, 디딤돌, 금성
알 수 없어요	한용운	중앙, 대한
어서 너는 오너라	박두진	디딤돌, 금성, 한교, 교학
오감도	이상	디딤돌, 대한
와사등	김광균	민중
우리가 물이 되어	강은교	지학, 문원, 교학, 형설, 청문, 디딤돌
우리 오빠의 화로	임화	디딤돌, 대한
울음이 타는 가을 강	박재삼	지학, 교학
자수	허영자	교학

작품	작가	출판사
자화상	노천명	민중
절정	이육사	지학, 천재, 금성, 두산, 문원, 블랙, 교학, 태성, 청문, 디딤돌
접동새	김소월	교학, 한교
조그만 사랑 노래	황동규	문원, 중앙
즐거운 편지	황동규	지학, 형설, 청문
진달래꽃	김소월	천재, 태성
청노루	박목월	지학, 문원, 상문
초토의 시 8	구상	지학, 천재, 두산, 상문, 태성
초혼	김소월	디딤돌, 금성, 문원
타는 목마름으로	김지하	디딤돌, 금성, 문원, 민중
풀	김수영	지학, 금성, 민중, 한교, 태성
프란츠 카프카	오규원	천재, 태성
피아노	전봉건	태성
해	박두진	두산, 블랙, 민중, 형설
해에게서 소년에게	최남선	지학, 천재, 금성, 두산, 문원, 민중, 한교, 대한, 형설, 태성, 청문, 디딤돌
향수	정지용	지학, 문원, 블랙, 교학, 한교, 상문, 청문, 디딤돌

〈베스트 논술 한국대표문학〉에 실린 시조와 교과서 대조표

*〈베스트 논술 한국대표문학〉에 실린 시조와 현행 국어·문학 18종 교과서의 수록 내용을 비교·분석하였다.

작품	작가	출판사
가노라 삼각산아	김상헌	교학, 형설
가마귀 눈비 맞아	백팽년	교학
가마귀 싸우는 골에	정몽주 어머니	교학
강호 사시가	맹사성	디딤돌, 두산, 교학
고산구곡	이이	한교
공명을 즐겨 마라	김삼현	지학
구름이 무심탄 말이	이존오	천재
국화야 너난 어이	이정보	블랙
녹초 청강상에	서익	지학
농암가	이현보	민중
뉘라서 가마귀를	박효관	교학
님 그린 상사몽이	박효관	천재
대추볼 붉은 골에	황희	중앙
도산 십이곡	이황	디딤돌, 블랙, 민중, 형설, 태성
동짓달 기나긴 밤을	황진이	지학, 천재, 금성, 두산, 문원, 교학, 상문, 대한
마음이 어린후니	서경덕	지학, 금성, 블랙, 한교
말없는 청산이요	성혼	지학, 천재
방안에 혔는 촉불	이개	천재, 금성, 교학
백구야 말 물어보자	김천택	지학
백설이 자자진 골에	이색	지학
삭풍은 나무끝에	김종서	중앙, 형설
산촌에 눈이 오니	신흠	지학

작품	작가	출판사
삼동에 베옷 닙고	조식	지학, 형설
산인교 나린 물이	정도전	천재
수양산 바라보며	성삼문	천재, 교학
십년을 경영하여	송순	지학, 금성, 블랙, 중앙, 한교, 상문, 대한, 형설
어리고 성긴 매화	안민영	형설
어부사시사	윤선도	금성, 문원, 민중, 상문, 대한, 형설, 청문
오리의 짧은 다리	김구	청문
오백년 도읍지를	길재	블랙, 청문
오우가	윤선도	형설
이몸이 죽어가서	성삼문	지학, 두산, 민중, 대한, 형설
이시렴 부디 갈다	성종	지학
이화에 월백하고	이조년	디딤돌, 천재, 두산
이화우 훗뿌릴 제	계랑	한교
재너머 성권농 집에	정철	천재, 형설
천만리 머나먼 길에	왕방연	문원, 블랙
청산리 벽계수야	황진이	지학
추강에 밤이 드니	월산대군	천재, 금성, 민중
춘산에 눈녹인 바람	우탁	디딤돌
풍상이 섞어 친 날에	송순	지학, 청문
한손에 막대 잡고	우탁	금성
훈민가	정철	지학, 금성
흥망이 유수하니	원천석	천재, 중앙, 한교, 디딤돌, 대한

〈베스트 논술 한국대표문학〉에 실린 수필과 교과서 대조표

* 〈베스트 논술 한국대표문학〉에 실린 수필과 현행 국어 · 문학 18종 교과서의 수록 내용을 비교 · 분석하였다.

작품	작가	출판사
가난한 날의 행복	김소운	천재
가람 일기	이병기	지학
구두	계용묵	디딤돌, 문원, 상문, 대한
그믐달	나도향	블랙, 태성
꼴찌에게 보내는 갈채	박완서	태성
나무	이양하	상문
나무의 위의	이양하	문원, 태성
낭객의 신년 만필	신채호	두산, 블랙, 한교
딸깍발이	이희승	지학, 디딤돌, 청문
멋없는 세상 멋있는 사람	김태길	중앙
무궁화	이양하	디딤돌
백설부	김진섭	지학, 천재, 형설, 태성, 청문
생활인의 철학	김진섭	지학, 태성
수필	피천득	지학, 천재, 한교, 태성, 청문
수학이 모르는 지혜	김형석	청문
슬픔에 관하여	유달영	문원, 중앙
웃음설	양주동	교학, 태성
은전 한 닢	피천득	금성, 대한
이야기	피천득	지학, 청문
인생의 묘미	김소운	지학
지조론	조지훈	블랙, 한교
청춘 예찬	민태원	금성, 블랙
특급품	김소운	교학
폭포와 분수	이어령	지학, 블랙
피딴 문답	김소운	디딤돌, 금성, 한교
행복의 메타포	안병욱	교학
헐려 짓는 광화문	설의식	두산

베스트 논술 한국대표문학 52

금오신화 · 홍길동전 외

지은이 김시습 / 허균 / 작자 미상
펴낸이 류성관
펴낸곳 SR&B(새로본닷컴)
주 소 서울특별시 마포구 망원동 463-2번지
전 화 02)333-5413
팩 스 02)333-5418
등 록 제10-2307호
인 쇄 만리 인쇄사